祁建建　杜　洁／著

检察机关
不起诉权的行使

认罪认罚立法化后的
检察裁量权研究

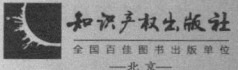

知识产权出版社
全国百佳图书出版单位
—北京—

图书在版编目（CIP）数据

检察机关不起诉权的行使：认罪认罚立法化后的检察裁量权研究/祁建建，杜洁著. —北京：知识产权出版社，2023.12

ISBN 978-7-5130-9136-7

Ⅰ.①检…　Ⅱ.①祁…②杜…　Ⅲ.①检察机关—权力—研究—中国　Ⅳ.①D926.3

中国国家版本馆 CIP 数据核字（2023）第 248166 号

责任编辑：龚　卫　　　　　　　　责任印制：刘译文
封面设计：杨杨工作室·张冀

检察机关不起诉权的行使
　　——认罪认罚立法化后的检察裁量权研究
JIANCHA JIGUAN BUQISUQUAN DE XINGSHI
　　——RENZUI RENFA LIFAHUA HOU DE JIANCHA CAILIANGQUAN YANJIU
祁建建　杜　洁　著

出版发行：知识产权出版社有限责任公司	**网　址**：http://www.ipph.cn		
电　话：010-82004826	http://www.laichushu.com		
社　址：北京市海淀区气象路 50 号院	**邮　编**：100081		
责编电话：010-82000860 转 8120	**责编邮箱**：laichushu@cnipr.com		
发行电话：010-82000860 转 8101	**发行传真**：010-82000893		
印　刷：北京建宏印刷有限公司	**经　销**：新华书店、各大网上书店及相关专业书店		
开　本：880mm×1230mm　1/32	**印　张**：8.375		
版　次：2023 年 12 月第 1 版	**印　次**：2023 年 12 月第 1 次印刷		
字　数：203 千字	**定　价**：60.00 元		

ISBN 978-7-5130-9136-7

前 言

我于 1994 年开始学习法律，先后受益于诉讼法学科多位授业恩师教导，学之始就深觉诉讼程序有趣。2004 年进入中国社会科学院法学研究所工作后，有幸在王敏远老师指导下合作撰写了一篇关于无罪推定的文章，被收入王家福老师的人身权文集。学法 30 年来，令我深信无罪推定是刑事诉讼的基石，如若基础不牢难免地动山摇这样的认识在我心中念兹在兹。承担了相关研究项目后，我深入法院、检察院、看守所、派出所、监狱，通过提供法律援助、座谈、田野调查等方式调研了刑事司法实践，发现有些立案、已诉、既决案件确实存有很大疑点，而且追诉难以停止与撤回、错判再审几乎无法启动，嫌疑人、被告人、服刑人很难得到救助，有的人就绝望认罪了，以求取保、轻判、减刑。对于有罪推定的危害及无罪推定作为刑事诉讼基石的地位，我有了更为深刻的直接认识。这期间我又写了一些无罪推定的文章，出版的三部独著专著《论有效辩护权》《认罪认罚处理机制研究——无罪推定基础上的自愿性》《认罪认罚冤假错案预防机制研究》都以无罪推定为基础展开论证，这使我自认为自己是懂得无罪推定的，自认为自己深知有罪推定的危害。

但是，即使自己出版了书籍，发表了文章，所持观点是自己长久以来不变的观点，纸上得来终觉浅。我自己的这些研究是作为旁观者、观察者的感受和论证，而不是一个体验者，旁观并没有使我感受到有罪推定的切肤之痛，我仍不能在自己的生活中贯彻无罪推定、无过错推定。我还发现，不仅是我，在排除合理怀疑发源地的英国，也有英国法官在研讨会中提出的问题明显违反无罪推定的精神，令我深受震动。这位英国法官问一位美国辩护律师："免审程序、辩诉交易轻罚、不诉，会不会放纵了有罪的人？怎么办？"

使我有切身认识的有两件事。我有条狗，名叫考拉，朝夕相伴 16 年，它自一岁以后便不在家里乱拉乱尿。前几年盛夏桑拿天，有天我回家，考拉兴高采烈迎上来，我蹲在地上抚摸它的时候，突然发现柜子下面有一大摊"尿"。我于是指着尿问考拉，"是不是你干的？"问这个问题的时候我心里已经预设了答案，毕竟屋里除了它在场，没别人，水渍沿着柜体流下来一大滩，符合它撒腿尿的特点，足以看出事实清楚，证据充分，排除合理怀疑。往常乖巧的考拉只要有错问它是不是你干的它就一脸心虚，这次看着我指着"尿"问它是不是你干的，本来兴高采烈迎接我的考拉眼神里突然起了变化，开始对我怒目而视呜呜和呲牙，非常凶，事实这么清楚还不乖乖认了争取宽大处理？本来不生气的我突然就很生气，把考拉关了禁闭惩罚它，不理它。随后的一周，同样的位置每天一摊"尿"，我为考拉的

"屡教不改"而愤怒不已，考拉则由我指着"尿"问它是不是它干的，它从呲牙愤怒，转到丧气低头，只要我一指尿它就夹着尾巴一溜烟跑到笼子主动关禁闭，"自愿认罪接受处罚"，但依然第二天"对着干"。看到它的样子我心生疑惑，直到某天我突然开始思考我是不是冤枉了它，这次我趴在地上闻发现这"尿"没有气味，我拿手沾了柜子上的"尿迹"也没有气味。柜体上部分一直是干的，所以从来没注意柜子上面，柜子上靠边有个从茶卡盐湖带回来深色亚麻颈枕，拿起来竟是湿的，这一周柜子下面的"尿"原来正是这颈枕的盐吸收了空气中的水分所致，与考拉完全无关！我内心深受震动！回想制造这个冤假错案的全过程，我先通过有限的证据——只有考拉在场，只有它会撇腿尿，地上有尿，对考拉进行有罪推定，因为内心这种确信使我眼盲心盲，不再听它的辩解，不再继续收集无罪证据，又于我自认认识能力不足等原因有脱不开的关系。

　　另外一件事发生在今年。5 月底我父亲身体抱恙，医生说有生命危险，我开始早出晚归带着父亲就医，身心俱疲。一直非常懂事的考拉不知道从什么时候起又开始偶尔便溺在地上，教训的时候，它表现出异于寻常的愤怒，甚至开始咬我，我又伤心又气愤，被抓现行铁证如山，不知悔过竟还试图咬人。两三个月后，发现考拉每天喝很多水，每天回家看到屋子里地上有便溺。我才认识到考拉已经老了，我一边默念着狗老了，一边打扫干净。再后来考拉每天深夜一两点钟闹着出去遛一次。陪伴父亲做手术的劳累，每天又睡不好，后来我每天晚上把水盆上盖上桶，避免狗晚上喝水，好自己睡个囫囵觉。然而没有用，每晚深夜照样要遛狗。再后来发现不对劲，考拉有点傻，走到门口时在墙根站定不进门。慌忙带去动物医院看，几个教授看了检查结果都说肾衰竭医迟了。父亲 11 月第二次做手术的当天，考拉自己在家，等我凌晨回来的时候发现它瘫痪了，但在轮椅上自己还能坚持走。它不在屋子里便溺，非得把它搬到轮椅上，走到院子里才便溺。再后来给它穿着尿不湿，铺着护理垫。但是就算在它弥留之际，考拉每想便溺的时候就哼两声，把它搬到轮椅上，搬到洗手间才算完。尿不湿和护理垫始终是干的。回想起来，最初发现考拉在地上便溺的时候，是因为早出晚归，遛狗时间不够，而狗坚持不在屋子里便溺，后来就憋得生病了，没有控制能力才在地上便溺。这时候，我应该发现它病了，应该送它去就医。但是我没有认为考拉是因为生病才这样，而是认为它是故意便溺在地上，或者是由于年老失禁才在地上便溺。而且，当时考拉嘴里散发很臭的气味，是典型的肾衰竭病情症状，我却错误地固执地认为是由于牙结石造成的口臭，但是狗又年老，我不愿为了清理牙结石冒险麻醉它。这样不懂装懂、错上加错耽误下来，考拉的病情每况愈下终至不治。

我懂得的知识、认识的能力多有限啊。我被我短浅的眼光和自己认为的"事实""证据""知识""逻辑"蒙蔽了。考拉一有事我就认为是由于狗不好、狗有错、狗老了所致，没有想到是出于跟考拉无关的原因或者是由于它生病了。如果我信任它、有足够的知识，能认识到这些是狗生病的迹象，就能够发现它由于高度自律和我的疏忽照料而生病了，就能及时带它就医，就不会误解它，不会耽误它。但是我没有。在这些事情上我对待狗是有罪推定的，或者以浅薄的知识预设了答案，而不能发现真相，最终造成恶果。

有罪推定会使人的眼光不正常，使思维单向偏狭。当怀着有罪的眼光看待刑事案件，案件中的证据即使没有关联性、不能定罪，人也会自动脑补赋予其有罪的意义和关联性，使没有关联性的无关材料都带上了有罪的色彩，产生了关联。有罪推定使人忽视一切无罪事实和证据，会忽视对嫌疑人、被告人有利的证据。不但忽视辩解，还可能对所有的辩解感觉到愤怒，会觉得你这个人做错了所有的事，犯了这么大罪，证据都指向你，你还狡辩什么，还不早点认罪争取个好态度？当推定别人有罪的时候，这个人应得的信任、说话的权利甚至所有的权利就没有了。

很自然，当一个人发现自己权利不被保障、生命自由财产任人处置、跳进黄河也洗不清的时候，就绝望了。无辜者会绞尽脑汁极力配合追诉，在最大限度争取为自己保留些什么的基础上，给追诉者们想要的一切，包括承认本不存在或从未发生的犯罪事实，认罪指控自己、指控亲朋好友、指控并不认识的人等。

在我短短30年的研习过程中，我发现，能够认识无罪推定就很难，认识到以后，想要做到就更难。实践中要想在每个案件贯彻无罪推定那是难上加难。我现在认为，始终坚持无罪推定是刑事诉讼法学者、践行者面临的永恒的挑战。人说刑事诉讼法知易行难，但知本身就很难，人不能全知，知行合一更为人所不及。如果不能充分保障权利、建立信任、宁纵毋枉，贯彻无罪推定就是无解的难题。贯彻无罪推定能够做的可能就是宁纵勿枉，如果非要用一个法学术语表述的话，那就是无罪判决。那就要赋予审理者无罪判决的自由权，要赋予追诉者停止追诉的自由权，要赋予嫌疑人被告人平等的人身自由权、财产权、隐私权、辩护权、公正审判权。

本书由我和杜洁合作完成。我作为第一作者撰写绪论、第二章第一节至第三节、第三章第一节、第四章、第五章、余论。两位作者合作撰写第一章第一节、第四节，第二章第五节，第三章第二节。杜洁作为第二作者撰写第一章第二节、第三节、第五节，第二章第四节、第六节。全书由我统稿。

鉴于笔者学识有限，书中疏漏之处还请同仁不吝指出，笔者将作更正修改，在此提前致以谢意。

生命短暂，权利脆弱。谨以此感谢考拉的陪伴和启迪，寄托对考拉宝宝的哀思。

祁建建

2023 年 10 月于北京

目 录

绪　论

依据《中华人民共和国宪法》（以下简称《宪法》）第 136 条规定，人民检察院依照法律规定独立行使检察权。党的十八届四中全会提出，必须完善司法管理体制和司法权力运行机制，规范司法行为，加强对司法活动的监督，努力让人民群众在每一个司法案件中感受到公平正义，为此要求完善确保依法独立公正行使检察权的制度。2021 年，《中共中央关于加强新时代检察机关法律监督工作的意见》要求检察机关秉持客观公正立场，强化证据审查，严格落实非法证据排除规则，坚持疑罪从无，依法及时有效履行审查逮捕、审查起诉和指控证明犯罪等职责。中央顶层设计高屋建瓴地明确了"少捕慎诉慎押"刑事司法政策，为检察机关不起诉权力的行使进一步拓展了政策空间和发展前景。中央全面依法治国委员会把"坚持少捕慎诉慎押刑事司法政策，依法推进非羁押强制措施适用"列入 2021 年工作要点。2021 年 4 月，最高人民检察院发布的《"十四五"时期检察工作发展规划》强调，检察机关"十四五"时期要坚持依法惩治犯罪与保障人权相统一，全面贯彻宽严相济刑事政策，落实少捕慎诉慎押司法理念，切实履行指控证明犯罪主导责任。

不起诉是我国刑事诉讼的重要制度。作为检察权的重要组成部分，不起诉权是公诉权、检察机关法律监督职权的内容之一，在检察机关的刑事检察、民事检察、行政检察和公益诉讼检察四大检察职能中具有重要的地位。"不起诉权是公诉权的重要组成部分，在强化检察官客观公正义务、保障无罪的人不受刑事追究、贯彻宽严相济刑事政策、落实诉讼经济原则等方面发挥着积极作用。"① 不起诉权具有监督引导侦查权、制约审判权的重要功能，是保障人权、修复社会关系的重要制度设置，是实行案件分流的重要程序机制。② 依法行使不起诉权对于构建侦诉关系、控审关系、控辩关系具有重要意义，是建设权威公正高效刑事司法制度的重要改革部署和程序设计。

我国适用认罪认罚从宽的刑事案件占案件总量的比例被称为认罪认罚适用率。来自最高人民检察院年度工作报告的数据显示，认罪认罚适用率从 2019 年 12 月的 83.1%，到 2020 年、2021 年的高于 85%，再到 2022 年检察环节高于 90%③，数年之间认罪认罚从宽已成为我国刑事司法部门处理刑事案件的常规方案。研究刑事诉讼中检察机关行使不起诉权的问题，必须认真考虑刑事司法中认罪认罚的背景。

因此，本书从中央对起诉裁量权的要求和检察法治发展进程出发，回应不起诉制度法治化发展的现实需要，分析我国认罪认罚立法前后检察机关不起诉权的巨大变化。通过梳理和分析现实中不起诉权行使存在的问题，并从刑事诉讼基本原则、诉讼主体间关系、审前羁押、律师辩护、人民监督、司法审查、公开听证等方面展开分析，使用比较研究方法，厘清并巩固检察裁量权的理论基础，探索基础理论的解释力并加强对不起诉

---

① 童建明. 论不起诉权的合理适用 [J]. 中国刑事法杂志，2019 (4).

② 陈卫东. 检察机关适用不起诉权的问题与对策研究 [J]. 中国刑事法杂志，2019 (4).

③ 2020—2023 年最高人民检察院工作报告 [EB/OL]. [2023-07-18]. https://www.spp.gov.cn/gzbg/.

的规范性和正当性，以进一步推动不起诉制度的完善。

一、认罪认罚立法前的不起诉权变迁

回溯我国检察机关不起诉权的变迁，《中华人民共和国刑事诉讼法》（以下简称《刑事诉讼法》）的历次修改都涉及对不起诉的重大修正与增删，其中 2018 年《刑事诉讼法》修正案对认罪认罚的立法化对于不起诉制度的发展起到里程碑的作用。

从不起诉的法定类型看，1979 年《刑事诉讼法》第 11 条规定了六种不追诉的法定情形，确立了依法不予追究刑事责任的法定不起诉，又称绝对不起诉，这是我国第一种不起诉类型。此外第 101 条规定了免予起诉，即对依照刑法规定不需要判处刑罚或者免除刑罚的，人民检察院可以免予起诉。1979 年《刑事诉讼法》规定的免予起诉是定罪免罚的一种结案方式和定罪决定，因在诉讼法理上背离控审分离而备受争议，于 1996 年《刑事诉讼法》修正中被废除。①

1996 年《刑事诉讼法》确立了对轻微罪行的相对不起诉或称酌定不起诉，贯彻控审分离，废除检察机关在免予起诉中的定罪权，并确立了对证据不足的存疑不起诉。第 142 条第 2 款规定对原属免予起诉的情形可以不起诉，这是我国的第二种不起诉类型即酌定不起诉，又称相对不起诉或微罪不起诉；还在第 140 条第 4 款增加规定了对于补充侦查的案件，人民检察院仍然认为证据不足，不符合起诉条件的，可以作出不起诉的决定，

---

① 胡康生. 精心顶层设计是 1979 年刑诉法、刑法修改的显著亮点——立法人胡康生访谈［N］. 法治周末报，2020-12-04.

这是第三种类型的不起诉即证据不足不起诉，又称存疑不起诉。其中，将相对不起诉称为"微罪不起诉"的说法，仍体现了检察机关对嫌疑人有罪的认定，属于检察机关定罪权或者免予起诉权的残余，应避免使用这一说法。

2012 年修正后的《刑事诉讼法》增加规定了第四种不起诉类型，第 271 条第 1 款对于可能判处一年有期徒刑以下刑罚，符合起诉条件，但有悔罪表现的未成年人可以附条件不起诉。此外，对法定不起诉、相对不起诉、证据不足不起诉均有改动。第 173 条第 1 款规定的法定不起诉，增加了"嫌疑人没有犯罪事实"的情形。关于相对不起诉，第 279 条规定对于达成和解协议的案件，犯罪情节轻微，不需要判处刑罚的，可以作出不起诉的决定，即刑事和解相对不起诉。关于证据不足不起诉，第 171 条第 4 款细化了证据不足不起诉，区分了补充侦查次数，规定对于二次补充侦查的案件，人民检察院仍然认为证据不足，不符合起诉条件的，应当作出不起诉的决定。

二、认罪认罚立法及其后不起诉权行使规则的发展

2018 年修正的《刑事诉讼法》第 182 条增设了第五种不起诉类型，即重大立功或国家重大利益案件的认罪认罚核准不起诉，对嫌疑人自愿如实供述涉嫌犯罪的事实，有重大立功或者涉及国家重大利益的特殊案件，经最高人民检察院核准后可以作出不起诉决定，也可以对涉嫌数罪中的一项或者多项不起诉。

除刑事诉讼法规定的以上五种不起诉类型外，2019 年《人民检察院刑事诉讼规则》另外规定了五种具体的不起诉情形，包括非法证据排除后证据不足、补充侦查后证据不足、刑事和

解、撤诉后的不起诉、对依法不负刑事责任的精神病人的不起诉等情形，以下详述。

其一是非法证据排除后不起诉，《刑事诉讼法》第 266 条第 2 款、第 3 款规定了审查起诉期间排除非法证据后，案件不符合起诉条件的，应当不起诉。这属于证据不足的不起诉。

其二是退回补充侦查后仍证据不足的不起诉，根据《刑事诉讼法》第 367 条规定："人民检察院对于二次退回……补充侦查的案件，仍然认为证据不足，不符合起诉条件的，经检察长批准，依法作出不起诉决定。人民检察院对于经过一次退回……补充侦查的案件，认为证据不足，不符合起诉条件，且没有再次退回……补充侦查必要的，经检察长批准，可以作出不起诉决定。"《刑事诉讼法》第 175 条规定："人民检察院审查案件，可以要求公安机关提供法庭审判所必需的证据材料；……对于需要补充侦查的，可以退回公安机关补充侦查，也可以自行侦查。"从补充侦查的条件看，公安机关提供的"法庭审判所必需的证据材料"不足似乎等同于证据不足。

其三是撤诉后的不起诉，《刑事诉讼法》第 424 条规定审判阶段判决宣告前撤回起诉的，应在撤诉后 30 日以内作出不起诉决定。撤诉理由是案件符合法定不起诉或者证据不足不起诉条件。

其四是刑事和解不起诉，《刑事诉讼法》第 502 条将当事人达成和解协议作为是否需要判处刑罚或者免除刑罚的因素予以考虑，符合不起诉条件的可以不起诉。

其五是对依法不负刑事责任的精神病人的不起诉，《刑事诉讼法》第 543 条规定在审查起诉中，犯罪嫌疑人经鉴定系依法不负刑事责任的精神病人的，人民检察院应当作出不起诉决定。

2019年最高人民法院、最高人民检察院、公安部、司法部、国家安全部《关于适用认罪认罚从宽制度的指导意见》要求逐步扩大相对不起诉的适用，其第30条区分了三种不起诉类型。一是要求对认罪认罚后案件事实不清、证据不足的案件应不起诉；二是对认罪认罚后没有争议，不需要判处刑罚的轻微刑事案件，可以不起诉；三是人民检察院应当加强对案件量刑的预判，对其中可能判处免刑的轻微刑事案件，也可以不起诉。第7条规定，犯罪嫌疑人真诚悔罪，在审查起诉阶段接受人民检察院拟作出的不起诉决定，是认罚的表现。

2021年6月，最高人民检察院、司法部、财政部、生态环境部、国务院国有资产监督管理委员会、国家税务总局、国家市场监督管理总局、中华全国工商业联合会、中国国际贸易促进委员会印发《关于建立涉案企业合规第三方监督评估机制的指导意见（试行）的通知》，其中规定的涉案企业合规第三方监督评估机制，是指人民检察院在办理涉企犯罪案件时，对符合企业合规改革试点适用条件的，涉案企业作出合规承诺，由第三方监督评估机制管理委员会选任组成第三方监督评估组织，对企业合规承诺进行调查、评估、监督和考察，考察结果作为人民检察院依法处理案件的重要参考。6月，最高人民检察院还发布了两个企业合规改革试点典型案例，对污染环境企业、串通投标系列案件建筑企业进行合规考察监督，召开公开听证会，听取意见后对涉案企业依法作出不起诉决定。

细数现行法所罗列的不起诉具体情形共有十余种。从不同的角度，可对其进行不同的分类。分类的目的是准确把握不起诉权的类型和情形，并为展开进一步的分析奠定基础。试举如下几例。

从诉讼阶段来看，审查起诉阶段有十余种不起诉情形，审判阶段有两种，即撤诉后的法定不起诉或者存疑不起诉。

从案件轻重来看，不仅轻微刑事案件可以适用不起诉，重大刑事案件如果涉及重大立功或国家重大利益的，通过认罪认罚并经最高人民检察院核准也可以适用不起诉。

从所涉及犯罪与刑罚、证据与程序的角度来看，可分为涉及犯罪定义与刑事责任条款的不起诉，主要为法定不起诉，属无罪无责的不起诉；涉及量刑条件即对无须判处刑罚或免除刑罚的不起诉，主要为相对不起诉，属免罪免刑的不起诉；涉及证据条件的不起诉，如对补充侦查后证据不足的存疑不起诉，属于因控方不能完成证明责任而对不符合法定证明标准案件的不起诉；涉及特别程序的三种不起诉，如对依法不负刑事责任的精神病人的不起诉、刑事和解不起诉及未成年人附条件不起诉。

从指控证据不足的不起诉看，有四种具体情形。一是非法证据排除后证据不足的不起诉；二是经一次补充侦查仍证据不足且无二次退回补充侦查必要的不起诉；三是二次补充侦查后仍证据不足的不起诉；四是判决宣告前发现证据不足的撤诉后不起诉。

从认罪认罚从宽制度的角度看，涉及嫌疑人认罪认罚的不起诉有六种情形。一是重大立功或国家重大利益的认罪认罚不起诉；二是认罪认罚但证据不足的不起诉；三是认罪认罚后无需判刑的轻微刑事案件的不起诉；四是认罪认罚后检察机关预判法院可能判处免刑的轻微刑事案件的不起诉；五是刑事和解不起诉；六是未成年人附条件不起诉。其中既有相对不起诉，也有存疑不起诉。

从人民检察院行使裁量权的情况看，除了《刑事诉讼法》第16条规定的六种法定不追诉情形外，对于嫌疑人属依法不负刑事责任的精神病人的案件及嫌疑人没有犯罪事实的案件，检察机关必须作出不起诉决定。

三、不起诉权的制度变迁与理念更新

从不起诉权在认罪认罚立法前后的变迁可见检察机关作为公诉机关在刑事诉讼中的重要角色。检察机关不起诉决定的作出，需要对侦查机关的工作从证据充分性、程序合法性、犯罪定义、刑事责任、量刑等方面进行评判，对法院定罪、量刑、证据条件和证明标准的把握进行预判。

笔者认为，不能孤立看待刑事诉讼法中的不起诉制度，还要看到不起诉制度与相关制度的互动关系及其理念更新。综合来看，《刑事诉讼法》的历次修改体现出诉讼理念的不断更新。例如，针对构罪即捕、捕后必诉、诉后必判有罪，控审双方片面追求定罪的理念和做法，1996年废除检察机关免予起诉决定的定罪权并确立相对不起诉，确立未经人民法院依法判决不得确定任何人有罪原则，规定了证据不足、指控的犯罪不能成立的无罪判决；2012年《刑事诉讼法》明确控方证明责任、证据确实充分排除合理怀疑的证明标准、非法证据排除、羁押必要性审查等；2018年确立认罪认罚从宽原则并建立值班律师制度，随之改革剥夺自由的强制措施等。此外，还有不断提前的律师

辩护、类型范围逐步扩大的法律援助、走向谦抑化的剥夺自由强制措施等。尽管历经修法，不起诉及相关制度的实践和理念仍需进一步提升。2019 年 4 月 17 日，时任最高人民检察院检察长张军提出，"检察机关应转变检察理念，可捕可不捕的不捕、可诉可不诉的不诉、疑罪从无"①。副检察长童建明指出，在当前的司法实践中，不起诉权"仍然存在不敢用、不愿用、不会用以及不当适用的现象。有些检察人员缺乏担当，怕担责任，担心不起诉会引发舆情风险，影响检法、检警关系，不敢适用不起诉权；有些检察人员纠结于不起诉审批程序烦琐、考评机制复杂，不愿适用不起诉权；有些检察人员陷入法条主义、机械司法的窠臼，僵化套用犯罪构成要件，不考虑法律的原则精神和制度要求，不会适用不起诉权"②。有学者指出存在审前羁押绑架控审双方的现象，三机关配合有余、制约不足的司法环境致使检察官构罪即诉。③

我国刑事诉讼法的修正和检察机关出台的相关规定不断完善不起诉制度和相关制度，以实现刑事诉讼目的，追求司法公正，使我国检察机关行使不起诉权进入新的发展阶段。新发展迎来新的挑战。要看到的是，认罪认罚对原有诉讼格局的冲击是全面的，对不起诉权的影响也是深远的，加之不起诉的类型逐渐丰富，影响不起诉的原有和新生的因素越来越凸显出来。

---

① 张军. 牢固树立可捕可不捕的不捕、疑罪从无等检察观念 [EB/OL]. [2023-05-20]. https://www.jcy.gz.gov.cn/xw/1114.jhtml.

② 童建明. 论不起诉权的合理适用 [J]. 中国刑事法杂志, 2019 (4).

③ 孙长永. 少捕慎诉慎押刑事司法政策与人身强制措施制度的完善 [J]. 中国刑事法杂志, 2022 (2).

一方面，存在限制不起诉权适用的因素。有学者指出有立法、机制、理念三个层面的限制因素。"我国立法层面对检察机关行使不起诉裁量权整体持限制态度，刑事不起诉制度适用空间小""检察机关办案机制与绩效考核、责任追究机制在规范检察工作的同时，一定程度上也束缚了检察裁量权的充分行使，成为我国刑事不起诉适用的现实阻碍。""刑事不起诉适用也受制于我国检察人员与社会民众'重打击、轻保护'的传统理念。"① 另一方面，滥用不起诉权的现象也客观存在。"应当警惕不起诉权的滥用和泛化""极少数检察人员夹带私心私利，罔顾事实证据，该起诉的不起诉或者明显无罪的情形按照证据不足或微罪不诉处理，不当适用不起诉权。"② 如何依法推进不起诉权的合理适用，如何完善相关配套措施，如何破除对不起诉权的不当限制，如何防范不起诉权的滥用，如何防冤纠错，都需要在当下迅速发展演进的刑事司法改革中予以回应，且具有紧迫性。

回应不起诉权的依法独立公正行使问题，必须遵从中央对司法公正提出的基本要求。习近平总书记强调："公正是司法的灵魂和生命。""要懂得'100−1＝0'的道理，一个错案的负面影响足以摧毁九十九个公正裁判积累起来的良好形象。""司法公正对于社会公正具有重要引领作用，司法不公对于社会公正具有致命破坏作用。""推进公正司法，要坚持司法为民，维护人民权益。重点解决好损害群众权益的突出问题。""绝不允许

---

① 卞建林. 慎诉的理论展开与制度完善 [J]. 法学，2022（10）.
② 童建明. 论不起诉权的合理适用 [J]. 中国刑事法杂志，2019（4）.

滥用权力侵犯群众合法权益，绝不允许执法犯法造成冤假错案。"① 笔者认为，检察机关行使不起诉权是宏观见之于微观、理论与实践结合、制度承载理念、观念引领规则的综合性课题。为此，需要从宏观上探讨刑事司法权行使的规律，从中观上探讨检察权、审判权、侦查权、辩护权等权力（利）之间的制约、平衡关系，从微观上探讨不起诉权行使中遇到的具体而微的问题与难题。在根本上，仍应立足中央对司法公正的基本要求，坚守刑事司法的底线，即避免对无辜者追究法律责任，借以发现实践中存在的问题并进行分析，是进一步发展和完善不起诉理论与实践的基础。

———————————

① 中共中央宣传部. 习近平新时代中国特色社会主义思想学习纲要 ［M］. 北京：学习出版社，人民出版社，2019：104.

第一章

· · ·

我国不起诉权行使的变化与问题

善用不起诉权是检察机关贯彻宽严相济刑事政策，重视保障人权与正当程序，注重社会关系的修复，促进和谐社会建设的重要手段。认罪认罚立法化后，我国不起诉适用率大幅提升，但对比中央少捕慎诉慎押刑事政策的要求，仍有进一步提升的空间。检察机关在适用不起诉权时仍存在"不敢用""不会用""不愿用""不当适用"等各种问题。

第一节　认罪认罚立法化后不起诉权的变化

认罪认罚立法化前，我国检察机关适用不起诉结案的比例偏低。2007 年有研究发现不起诉率及酌定不起诉率偏低，认为总体适用率应在 9% 左右，当时刑事犯罪不起诉率仅为 1.2%；而对职务犯罪适用率偏高，当时为约 10%。[①] 近年也有研究指出在 2013—2015 年司法实践中不起诉率分别为 5.1%、5.4%、5.2%，酌定不起诉率分别为 3.9%、3.8%、3.8%，酌定不起诉的实际适用率相对较低，大量应当适用酌定不起诉的案件被以退回公安机关处理或者向法院起诉的方式予以消化，后果是加重法院讼累，以及退回的案件尤其是二次退回的案件被侦查机关"疑罪从挂"，对嫌疑人采取取保候审强制措施另类"结案"。[②] 不起

---

① 莫洪宪，高锋志. 宽严相济刑事政策运用实践考察——以检察机关相对不起诉为切入点 [J]. 人民检察，2007 (4).

② 郭烁. 酌定不起诉制度的再考查 [J]. 中国法学，2018 (3).

诉权的行使在认罪认罚立法化后发生了明显的变化。

一、认罪认罚立法化后不起诉率的变化

自 2018 年认罪认罚立法化之后，2019 年以来我国不起诉率迅速提高，这得益于酌定不起诉案件数量的大幅增加。2020 年认罪认罚后的酌定不起诉占不起诉案件总数的 83.13%。① 自 2021 年少捕慎诉慎押刑事司法政策全面推行，当年不起诉人数高达 34.8 万人，是 2018 年的 1.5 倍。② 2022 年上半年，检察机关对 20.9 万人作出不起诉决定，不诉率 23.5%，同比增加 9.1%。③ 不起诉权的行使得到了立法和政策上的鼓励和松绑，有望逐步摆脱严格限制使用的办案传统，逐步发挥其制度设计的效用。

2018 年我国修改《刑事诉讼法》时增设认罪认罚从宽原则，使我国司法实践中的不起诉适用率发生了巨大变化。2019 年最高人民检察院检察长张军提出"可诉可不诉的不诉，疑罪从无"，2020 年最高人民检察院工作报告提出少捕慎诉慎押，2021 年少捕慎诉慎押成为刑事司法政策，这些要求全面推动了不起诉率的大幅上升。2018—2022 年的五年，对不构成犯罪或证据不足的不起诉 21.1 万人，比前五年上升 69.4%。来自 2014—2023 年《最高人民检察院工作报告》的权威数据表明，2023 年的不起诉人数是 2013—2017 年的年均不起诉人数的 5.88 倍，参见图 1-1。权威数据来源表明，我国不起诉率从 2014 年

---

① 参见 2020—2022 年《最高人民检察院工作报告》。

② 参见 2022 年《最高人民检察院工作报告》。

③ 2022 年 1 至 6 月全国检察机关主要办案数据 [N]. 检察日报, 2022-07-22.

到 2022 年逐年上升,分别是 5.3%、5.3%、5.9%、6.3%、7.7%、9.5%、13.38%、16.6%、26.3%。①

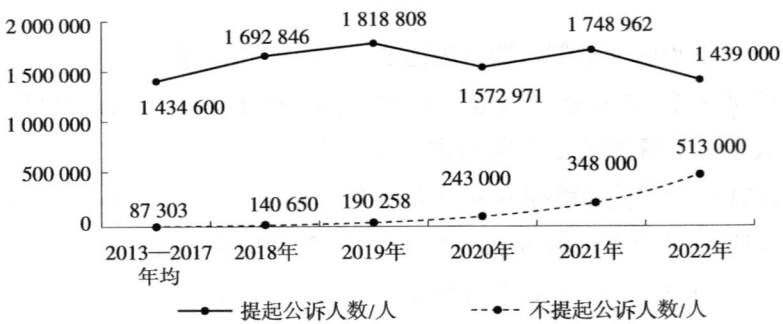

图 1-1　2013—2022 年被提起公诉与被不起诉人数

2020 年 10 月 15 日在第十三届全国人民代表大会常务委员会第二十二次会议上所作的《最高人民检察院关于人民检察院适用认罪认罚从宽制度情况的报告》称,"依法用好起诉裁量权。对犯罪嫌疑人认罪认罚……的轻微刑事案件,依法作出不起诉决定 208 754 人,占适用该制度办理案件总人数的 11.3%"。② 我国检察机关在认罪认罚从宽修法后贯彻宽严相济和少捕慎诉慎押刑事政策,作出不起诉决定的案件数量和占比迅速升至历史高位。

---

① 2014—2018 年的数据参见:童建明. 论不起诉权的合理适用 [J]. 中国刑事法杂志,2019(4). 2019—2022 年的数据参见:2020—2023 年《最高人民检察院工作报告》。

② 最高人民检察院关于人民检察院适用认罪认罚从宽制度情况的报告 [N]. 检察日报,2020-10-17.

二、企业产权保护背景下单位犯罪合规不起诉

目前我国不起诉裁量权的适用聚焦于轻罪案件，且随着最高人民检察院推进企业合规改革试点工作以来，企业合规不起诉成为检察机关行使不起诉裁量权的一大重要场域。企业合规改革是检察机关在职务犯罪部门转隶以来拓展的一系列新业务领域之一，是转变检察职能以外部施压方式倒逼企业规范自我管理的一种制度创新。近年来，一些企业通过合规考查获得不起诉处理，实现"去犯罪化"，避免了因严峻刑罚及犯罪标签带来的涉案企业破产、关联企业受牵连、员工失业、科技创新成果丢失等一系列"水波效应"，充分释放合规改革红利。

我国企业合规不起诉与海外合规不起诉的目标存在明显差异，在承认单位犯罪的国家（如美国），对公司的合规不起诉出于多重目标。举其要者，一是不使公司因涉嫌犯罪被起诉而破产，以保护公司正常经营中所涉无辜第三人的利益，如保险公司或医疗机构涉嫌犯罪的案件。二是保持公司在市场经济中有竞争力的地位，以免因一家公司涉诉破产致使其他公司更容易在市场上形成垄断地位，以保护市场主体的自由竞争，如安然公司破产致使其他公司形成垄断市场态势。三是通过对公司的不起诉，换取公司在起诉直接责任人案件中的帮助与合作，以实现对直接责任人的成功追诉等。

相比较而言，我国涉案大企业数量有限而中小企业的数量庞大，企业直接责任人与企业息息相关，因此合规不起诉往往是既不起诉企业，同时也不起诉个人。统观目前检察机关所开展的企业合规的试点工作，不乏对企业及相关责任人双重不起诉的实例。

例如，第三批典型案例上海 Z 公司、陈某某等人非法获取计算机信息系统数据案，2022 年 5 月，普陀区检察院依法对犯罪嫌疑单位 Z 公司、犯罪嫌疑人陈某某等 14 人作出不起诉决定。① 企业合规不起诉制度成为"慎诉"视域下的一大亮点，成为检察机关行使不起诉裁量权、贯彻宽严相济政策的重要抓手。

权威数据显示，2017—2021 年，检察机关共起诉单位犯罪1.4 万件、涉案人员 4.7 万人。"2020 年 3 月最高检创新开展涉案企业合规改革试点……以来，全国检察机关已办理合规案件2382 件，其中适用第三方监督评估机制案件 1584 件；对整改合规的 606 家企业、1159 人依法作出不起诉决定……。2021 年单位犯罪起诉数明显下降，表明检察机关贯彻落实少捕慎诉慎押刑事司法政策，深化涉案企业合规改革试点成效初显。"②

经中国国家版本馆查询，我国现已出版以"刑事合规"为书名的著作近 200 部，中国知网以"刑事合规"为篇名检索到2016 年以来的论文 575 篇，其中 C 刊论文 113 篇，主题涉及国企、民企、检察机关角色、第三方监管、律师辩护、控方对合规企业刑事责任的让步或称激励、犯罪预防、刑诉法修改、跨学科、英美合规制度比较等方面。经国家社科基金项目数据库查询，自 2019 年以来，国家社科基金共资助刑事法领域以"合规"为题名的国家社科基金项目 17 项。目前合规不起诉获得了

---

① 最高检发布企业合规改革试点典型案例 [EB/OL]. [2023-05-28]. https://www.spp.gov.cn/xwfbh/wsfbt/202208/t20220810_570413.shtml#1.

② 单位犯罪起诉数量从逐年递增到明显下降 涉案企业合规改革试点成效初显 [EB/OL]. (2022-07-26) [2023-09-13]. https://www.spp.gov.cn/xwfbh/wsfbt/202207/t20220726_567535.shtml#1.

学术界和实务界极高程度的关注和探讨，聚集了刑事司法研究领域的众多研究资源，可见合规案件所蕴含的政策影响十分深远。

三、不起诉的整体适用率低且不平衡

近几年，我国不起诉适用率确实得到提升，但整体上仍然处于较低水平。我国目前已进入轻罪时代，犯罪范围以增设轻罪罪名的方式不断扩大，但刑事诉讼程序受传统追求定罪重罚思维的影响，虽在诉讼程序的结构设计上作出了对出罪程序的有效探索，并通过刑事简易程序、速裁程序来实现繁简分流，减轻办案压力，但刑事立法上的"增"对刑事程序上的"减"提出了更高要求，使得案件数量繁多的问题仍需应对。因此充分发挥检察机关的检察裁量权，为轻罪案件在审前程序提供程序出路，是推进案件轻重分道、优化轻罪治理的重要途径，也可有效缓解审判程序案多人少的巨大压力，保障案件的审判质量。

不起诉制度作为审前分流轻罪案件的重要手段，其实际运行效果仍未达到制度设立的初衷，其中酌定不起诉的适用低迷也不乏社会各方对检察裁量权虚置的担忧。① 根据最高人民检察院公布的相关数据计算可知，我国目前的相对不起诉适用率处于较低水平，具体数据参见表 1-1。② 从中不难看出，2020 年

---

① 杨娟，刘澍. 论我国刑事不起诉"三分法"的失败及重构——以淮北市起诉裁量实践为实证分析对象［J］. 政治与法律，2021（1）.

② 2017—2021 年数据来自我国 2017—2022 年最高人民检察院工作报告、《未成年人检察工作白皮书》以及《全国检察机关主要办案数据》。2022 年 1-3 月数据来自蒋安杰. 少捕慎诉慎押刑事司法政策落实一年间［N］. 法治日报，2022-4-27（5）.

前，我国不起诉的适用率仅为个位数，其中还包含着法定不起诉、证据不足不起诉。2020 年后不起诉适用率的明显升高得益于认罪认罚制度的推行，这促进了不起诉制度的扩张适用，尤其是为酌定不起诉裁量权的扩张提供了有利契机，但不起诉的适用率依旧处于较低水平，与审前羁押性强制措施适用率高形成明显反差，尤其是醉驾入刑以来，危险驾驶罪起诉率高，但刑期普遍较低。尽管这类案件办案流程简单、周期较短，但其审前羁押性强制措施适用率、起诉率仍旧较高。"轻罪案件羁押率高""构罪即拘""构罪即诉"是审前过滤欠佳的表现，也是目前我国做好审前分流工作，落实案件轻重有别、快慢分道探索的一大阻碍。另外，附条件不起诉在司法实践中的适用率也并不乐观。2020 年前，检察机关附条件不起诉的适用率均低于20%，整体处于水平较低状态，这种情况在近年有所好转。

表 1-1　我国 2017—2022 年不起诉适用情况

单位:%

年份	不起诉率	相对不起诉率	附条件不起诉率
2017	6.65	4.85	10.06
2018	9.05	6.60	12.15
2019	9.47	7.18	12.51
2020	13.38	11.43	20.87
2021	16.60	13.54	29.69
2022 年 1 月—3 月	20.10	17.94	36.10

在域外，充分发挥检察机关裁量权在审前起诉环节对案件的过滤、分流功能已是大势所趋。德国近年来定罪数量持续下

降，检察机关不起诉裁量权的行使较为充分，如 2020 年德国检察机关办案 499.6 万件，仅起诉 17.07% 的案件。① 在美国，通过辩诉交易定罪的案件高达 90% 以上，检察官裁量证据并决定是否起诉，也可在辩诉交易中达成不起诉协议以及起诉罪名罪行及量刑的协议。

不起诉不给犯罪嫌疑人贴上犯罪标签，有利于其更好地回归社会，尽快融入社会生活，建立稳固的社会关系网络，更加符合恢复性司法理念，且较高的不起诉率可将缺乏起诉必要性的案件过滤在刑事审判程序之外，实现案件分流的功能价值。从我国不起诉案件的数量和比例来看，目前我国检察机关不起诉裁量权仍存在较大的发展空间，不起诉的整体适用率有待提高。

我国不起诉裁量权的适用不平衡表现在适用罪名方面。其不起诉裁量权高度集中适用于特定几项罪名，如危险驾驶罪、交通肇事罪、故意伤害罪、盗窃罪、诈骗罪、寻衅滋事罪。以危险驾驶罪为例，2020 年甘肃省醉驾案件酌定不起诉适用率为 54.57%②，浙江省某市 2022 年醉驾案件酌定不起诉适用率高达 62%③。尽管不起诉制度的适用场域多为轻罪案件，但很多轻罪罪名的适用仅为个例，足见不起诉裁量权在适用罪名上的不平衡。

检察机关依法行使不起诉权，在审查起诉阶段过滤掉无须进

---

① 单位犯罪起诉数量从逐年递增到明显下降　涉案企业合规改革试点成效初显 [EB/OL]．[2022-03-22]．https://www.destatis.de/EN/Themes/Government/Justice/_node.html.

② 甘肃检察机关落实慎诉理念治理醉驾出新招 [N]．法治日报，2021-08-23.

③ 王云燕．加强诉源治理，减少醉驾发生　浙江省检察院对近两年办理的醉驾案件进行调研分析 [N]．检察日报，2023-02-21.

入刑事审判程序的案件，以对案件作出不起诉决定的方式实现审查起诉环节的程序出罪。但目前不起诉制度的分流功能仍有待充分发挥，在被提起公诉的案件中，非监禁刑的适用比例并不低，这里的非监禁刑适用是指以非监禁的方式执行刑罚，是包含缓刑在内的一种刑罚适用方式。根据2017—2022年《全国法院司法统计年报》的相关数据，计算总结近五年来非监禁刑适用比率，如表1-2所示，发现我国自2017年以来非监禁刑比例在30%左右。

表1-2　我国2017—2022年非监禁刑适用比例

年份	非监禁刑人数	生效判决总人数	非监禁刑比率
2017	399 042	1 270 141	31.42%
2018	436 416	1 430 091	30.52%
2019	449 130	1 661 235	27.04%
2020	427 247	1 528 034	27.96%
2021	463 212	1 715 922	26.99%
2022	408 934	1 431 585	28.57%

这一定程度上说明，检察机关在决定起诉与否时的裁量过于审慎，一些提起公诉的案件还存在可探索的不起诉空间。非监禁刑的适用是轻罪治理中落实宽严相济政策，促进刑罚轻缓化发展的必要手段。此类案件不乏存在符合不起诉条件，但受制于此阶段非罪化处理的程序障碍、社会信任危机的影响，不起诉的适用处于"小心翼翼"不敢用的状态。这时，本可不起诉的案件进入审判程序，不仅徒增审判压力，浪费司法资源，还使得被作出非监禁刑的被告人不得不面对定罪处罚带来的附随性效果。在这种情况下，被告人虽免受自由刑，但他们被贴

上"犯罪"的标签，在求职就业等方面不可避免地存在一定阻碍，影响其再社会化，另外其近亲属及后代考公务员、入党、参军也将受到一定程度的影响。这类案件多为在起诉与否边缘的轻罪，被定罪后的严重附随后果明显与被告人社会危害性、人身危险性、再犯可能性失衡，有失比例原则的要求，也有违现代刑法宽容精神和恢复性司法的精神。

第二节　对我国不起诉种类立法体系的检视

当前不起诉体系的构建框架尚需完善，个别不起诉类型在立法之初便存在设计上的不足，彼此之间存在着界分边缘模糊的局面，引发实践中不同不起诉种类之间的混乱适用。加上近年来关于"酌定不起诉""附条件不起诉"改造的呼声不断，关注不起诉种类的立法体系已成为研究不起诉权合理适用的内在需求。

一、法定不起诉——立法模式机械①

《刑事诉讼法》第 177 条第 1 款规定："犯罪嫌疑人没有犯罪事实，或者有本法第十六条规定的情形之一的，人民检察院应当作出不起诉决定。"第 16 条规定的情形主要包括："（一）情节显著轻微、危害不大，不认为是犯罪的；（二）犯罪已过追诉时效

---

① 杨帆. 不起诉种类的边界厘定及体系重塑研究［J］. 东方法学，2022（6）. 樊崇义，叶肖华. 论我国不起诉制度的构建［J］. 山东警察学院学报，2006（1）.

期限的；（三）经特赦令免除刑罚的；（四）依照刑法告诉才处理的犯罪，没有告诉或者撤回告诉的；（五）犯罪嫌疑人、被告人死亡的；（六）其他法律规定免于追究刑事责任的。"

在"惩办与宽大"相结合的宽严相济刑事政策下，法定不起诉所列举的适用条件显然无法满足复杂化的实践需求的而概括式的兜底条款对于办理不起诉案件"如履薄冰"的检察机关而言，属于缺乏明确的适用依据，明显压缩了法定不起诉的适用空间。理论及实务界对法定不起诉类型的立法设计并无明显争议，但列举式的立法模式略显僵硬化，于实践适用时规范供给不足。检察机关对实践中无法定不起诉依据，又不符合起诉条件的案件选择"疑案从挂"或模糊处理的做法①，延误案件处理进程，长期使犯罪嫌疑人的权利处于不确定状态，造成公诉权的不合理适用。

二、酌定不起诉——适用标准模糊

《刑事诉讼法》第 177 条第 2 款规定："对于犯罪情节轻微，依照刑法规定不需要判处刑罚或者免除刑罚的，人民检察院可以作出不起诉决定。"显然，立法对酌定不起诉的适用条件并未界定明确标准，"'犯罪情节轻微'的标准不明确，主观性较强，在司法实践中往往根据被追诉人的主观恶性、犯罪手段、社会危害性等事实和情节加以判断"②，实践中酌定不起诉的适用率不高可能与其适用条件的模糊性直接相关。

---

① 杨帆. 不起诉种类的边界厘定及体系重塑研究 [J]. 东方法学，2022（6）.
② 陈卫东. 检察机关适用不起诉权的问题与对策研究 [J]. 中国刑事法杂志，2019（4）.

如表 1-3 所示，笔者整理了现有刑法条文中所规定的免除刑罚条款，从中不难看出，"不需要判处刑罚或者免除刑罚的"在刑法语境下并不限于情节轻微犯罪。例如，《刑法》第 383 条的贪污犯罪显然并不属犯罪情节轻微的犯罪，但立法依旧将其纳入可以免除刑罚的范畴，可见《刑事诉讼法》第 177 条所述的犯罪情节轻微与不需要判处刑罚或免除刑罚并不是同位语关系，前者也不是后者适用的限制条件。酌定不起诉作为一种裁量性质的不起诉，检察官的裁量权体现在对"犯罪情节轻微"的判断上，"依照刑法规定不需要判处刑罚或者免除刑罚"是酌定不起诉适用的法定条件。

表 1-3　《刑法》中应当或者可以免除刑罚的条款

刑法总则中应当或者可以免除刑罚的条款
【第 10 条】犯罪嫌疑人在中华人民共和国领域外犯罪，依照本法应负刑事责任的，在外国已经受过刑罚处罚的
【第 19 条】又聋又哑的人或者盲人犯罪
【第 20 条】正当防卫明显超过必要限度造成重大损害的
【第 21 条】紧急避险超过必要限度造成不应有的损害的
【第 22 条】预备犯
【第 24 条】没有造成损害的中止犯
【第 27 条】从犯
【第 28 条】胁从犯
【第 67 条】犯罪以后自动投案，如实供述自己的罪行的
【第 68 条】有重大立功表现
刑法分则中可以免除刑罚的条款
【第 164 条】行贿人在被追诉前主动交待行贿行为的

刑法总则中应当或者可以免除刑罚的条款
【第 276 条】以转移财产、逃匿等方法逃避支付劳动者的劳动报酬或者有能力支付而不支付劳动者的劳动报酬的，在提起公诉前支付劳动者的劳动报酬，并依法承担相应赔偿责任
【第 351 条】非法种植罂粟或者其他毒品原植物，在收获前自动铲除
【第 383 条】贪污犯罪在提起公诉前如实供述自己罪行、真诚悔罪、积极退赃，避免、减少损害结果的发生
【第 390 条】行贿人在被追诉前主动交待行贿行为的，对侦破重大案件起关键作用的，或者有重大立功表现的
【第 392 条】介绍贿赂人在被追诉前主动交待介绍贿赂行为

"犯罪情节轻微"标准的模糊性增加了办案人员自由裁量的难度，为纾解实践中的操作困难及适用不一的困境，检察机关倾向于通过谨慎细化司法解释的方式对现有"模棱两可"的适用标准作出优化，这就进一步变相压缩了酌定不起诉的适用空间。例如，河南省人民检察院《轻微刑事案件适用相对不起诉指导意见》就常见罪名的酌定不起诉标准作出明确规定，这虽为案件的不起诉裁量提供了精准的依据指引，但也意味着将对案件的裁量空间严格束缚，酌定不起诉的适用过于谨慎保守，不免让人担忧其案件分流功能所受到的限制。

检察机关通过自由心证对"犯罪情节轻微"形成内心确信后开始"找法"出罪，此时便不得不考虑《刑法》第 37 条"犯罪情节轻微不需要判处刑罚"究竟是独立的处罚事由还是上述所列刑法免除刑罚条款的概括。这个问题的答案决定着检察机关酌定不起诉的裁量权是否受刑法所规定的具体情形的掣肘，如目前广泛适用酌定不起诉的危险驾驶罪，其最高法定刑为拘役 6 个月，满足"犯罪情节轻微"的限制，但是却很难满足上述表格中的免罚情形。若是认为《刑法》第 37 条不属于独立免罚事由，则很多合理的出罪需求难以得到满足。理论上的争议呈现出实践适用的无所适从，同案不同罚明显违反实质正义的要求。

三、附条件不起诉——适用范围狭窄

附条件不起诉制度自 2012 年增设于《刑事诉讼法》以来便伴随着争议。一是适用于自然人时范围较窄，仅限于在未成年人涉嫌犯罪的案件中适用，且局限于涉及《刑法》第四章、第五章、第六章的罪名，这一适用范围不仅与酌定不起诉存在一定的制度重合，同时限定的罪名也难以满足新型化犯罪发展的需要。关于将成年人轻罪案件纳入附条件不起诉的呼声不断。另外，关于"悔罪表现""撤销情形"的认定标准模糊，司法实践中做法不一，增加了未成年人案件适用不起诉的不确定性。

二是单位犯罪应也可适用附条件不起诉，且目前已开展涉案企业以合规为条件的不起诉实践。涉案企业合规改革旨在以多元化方式处理企业犯罪问题，合规考查成为检察机关在探索激励企业合规建设的路径时的重要模式，即检察机关在审查起诉环节要求涉案企业签署合规承诺书，并规定合规考查期限，根据合规承诺的实际履行情况决定是否起诉。由此可见，合规考查模式以不起诉作为激励企业合规整改的筹码，并均设置了一定的监管考查期限。2020 年 3 月，最高人民检察院以山东省郯城县检察院、江苏省张家港市检察院、上海市浦东新区及金山区检察院、广东省深圳市南山区及宝安区检察院为试点单位，

启动对企业违法犯罪依法不捕、不诉、不判处实刑的企业合规监管试点。2021年4月，最高人民检察院正式启动第二轮企业合规的试点工作。同月时任最高人民检察院检察长张军在调研时指出，企业合规的试点工作要创新更要坚守边界，不能逾越法律和政策的框架。

企业合规不起诉进入我国司法解释后，在实践中实行，尚未正式纳入立法。现行《刑事诉讼法》规定附条件不起诉制度仅适用于未成年人犯罪案件。域外与合规不起诉相似的制度，如美国对公司犯罪实行暂缓起诉，现已被不少国家借鉴作为办理公司犯罪案件的重要制度，具有完善公司治理结构，消除公司犯罪风险的效果。

需要注意的是，企业合规不起诉是在中央对企业营商环境法治化要求的背景下提出的改革措施。一方面，在办理企业涉嫌犯罪的案件时，公安机关和检察机关对涉案企业负责人人身自由和企业财产采取的强制措施使企业处于绝对弱势。我国《刑事诉讼法》规定公安机关可对现行犯和重大嫌疑分子予以拘留，仅限在流窜作案、多次作案、结伙作案三类案件中可拘留长达37天，随后的侦查羁押逮捕期限可达7个月；检察机关的审查起诉期间同羁押期间，可长达6个半月。公安机关、检察机关在办案期间长期羁押包括企业负责人在内的一众嫌疑人，对企业财产实行查封扣押冻结，直接影响企业的组织决策能力和正常生产运营活动。另一方面，检察机关依法有权审批逮捕、进行羁押必要性审查、审查起诉条件、监督侦查活动合法性等，既主导是否启动合规，又主导是否起诉，认罪认罚合规即可不捕不诉。嫌疑人和企业若认罪认罚就有望重获自由或财产的使

用、处分权，认罪认罚的自愿性保障需要得到重视，检察机关
对诉权和检察监督权的运用亦需得到关注。此外，如无退补，
刑事诉讼法规定的审查起诉期限仅为一个半月，但合规考查可
长达数月。这些问题的解决，有赖于深入探索适用于个人和单
位的附条件不起诉制度在刑事诉讼法中的地位。

四、核准不起诉——法条设计过于抽象

2018 年我国《刑事诉讼法》增设核准不起诉制度，具体适
用条件为：犯罪嫌疑人自愿如实供述涉嫌犯罪的事实，有重大
立功或者案件涉及国家重大利益的，经最高人民检察院核准，
公安机关可以撤销案件，人民检察院可以作出不起诉决定，也
可以对涉嫌数罪中的一项或者多项不起诉。核准不起诉扩张了
检察机关对重罪案件的不起诉裁量权，检察机关可充分利用审
前程序分流案件。但受现有立法规定抽象化带来的局限性影响，
关于"国家重大利益"的概念界定并不明确，适用条件不确定
性强，目前仅有对核准程序的概括要求，并未作出任何其他限
制。在制度设计的适用标准较为抽象的情况下，贯彻实施核准
不起诉制度的基础不牢，在实施中恐被不当适用。

核准不起诉面临的其他问题具有共性，我国现行不起诉审
查决定和监督模式有待完善，检察机关依靠书面材料审查案件，
嫌疑人的辩护权没有得到充分保障，对检察机关的民主监督机
制也有待提升。例如，在羁押必要性听证和不起诉听证中，听
证员在没有看到案卷材料也没有看到证据的情况下进行听证，
难以进行有效的监督，权力（利）配置的不平等局面难免弱化
辩护权的行使，容易造成民主监督的形式化。以审判为中心的

诉讼格局尚未形成，控辩对抗的诉讼模式未能贯彻，这也是我国不起诉程序面临的问题。

总而言之，我国现有五大类不起诉类型适用的案件范围、类型、条件在立法上应如何进一步设计，才能最大程度降低在纷乱复杂的司法实务中的适用困惑，是值得持续深入研究的问题。

第三节　选择性不起诉

在实践中，存在个别检察人员滥用不起诉权的情况。对于构成犯罪且证据确实充分，应当起诉的案件不起诉、放纵犯罪，有许多表现和类型。在实践中，对于应诉不诉的案件，既难以发现，也难以纠正；对于不应诉而诉的案件，嫌疑人往往缺乏救济。需要注意的是检察人员固然主观状态复杂，但不同办案人员对案件本身和法律适用的理解存在差异，不可避免引发司法实践中的适用不统一问题。笔者要讨论失范的选择性不起诉，即办案人员明知"不应为而为"，出于法外因素对案件作出不符合客观公正要求的处理。

失范的选择性不起诉表现为同案不同办。其一，存在于特定案件类型。选择性不起诉最典型的特征之一是违背平等保护原则，表现为对同案、类案中的犯罪嫌疑人作出超越社会接受度的差异化处理，这些案件包括但不限于共同犯罪案件、对合犯或者其他关联犯罪案件、同一类型的案件。这三类案件因犯罪构成、犯罪情节的相似性而存在可比较性，也就自然而然引发人们对不当适用不起诉的疑虑。其二，客观效果上存在明显不合理性。一定时期、地域范围内对同一案件或相似案件的犯罪嫌疑人作出起诉或者不起诉两种截然不同的处理，这种直观上的不合理性难免诱发社会对司法体制内部腐败的猜想，消解社会公众对司法权威的认同。

失范的选择性不起诉的本质是违背平等保护原则的行为，具体起因复杂多样，但均不属上文所述不起诉裁量的正当因素。根据其滥用形态及特征，总结下来这些选择性不起诉的整体样态一般可分为四种。

一、权力干预型

司法权的依法独立行使是现代法治的客观要求，是提高司法公信力、促进社会公平正义的重要保障，然而权力干预司法的现象并不罕见。

本书所述的"权力干预型"选择性不起诉即是权力凌驾于司法之上的产物，办案人员在共同犯罪案件中或发生时期、犯罪构成、犯罪情节相近的类案中将犯罪嫌疑人本身的工作职位、政治地位等身份性因素或者政治地位高的上级领导的"打招呼"作为衡量是否作出不起诉决定的重要参考甚至唯一标准，而对同案或者类案中社会危害性、人身危险性相当的在权力上不占优势的犯罪嫌疑人作出起诉决定。

例如，官职高者不起诉，官职低的被起诉。在之前一起贪污案中便出现过这一现象：五名共犯贪污数额基本一致，却因官职高低而得到差异化处理，其中官职较低的两人被提起公诉，而官职较高的三人却被作出不起诉或者撤案的决定。更为离谱

的是，官职较高的三位是这场共同犯罪的组织领导者。① 在此种情况下嫌疑人仍能从刑事程序中全身而退，实在与刑法罪责刑相适应的基本原则不符。又如，在实践中也存在类案中针对有官职者、无官职者作出不公平的不起诉衡量，性质类似的同种犯罪行为，普通群众被提起公诉，而官员却免予被刑事追责。再如，对于同一时期内大量类似犯罪或者同一事实引发的大量犯罪，如多人对同一人行贿，对许多行贿者法不责众，适用不起诉。② 另外，职务犯罪窝案中为防止基层政权瘫痪或出于维稳大局，对窝案中的全部或大部犯罪不起诉③，如罗某国案涉案240 名厅处级人员中有 160 人不起诉。④还有，实践中检察人员由于受到权力干预因素的影响，对符合起诉条件应提起公诉的嫌疑人不予追诉或者放弃部分追诉。对于经过各种途径取得领导批示的案件，某些检察机关不敢坚持原则作出起诉决定。

这种基于权力影响的优待行为已经使得检察机关的自由裁量权背离了审慎、谦抑推进审前程序分流的制度初衷。归根结底，嫌疑人的官位及其手中的权力不应被纳入不起诉裁量的考量范围，更不能成为检察机关办理案件畏手畏脚的束缚。不仅是权力干预起诉与否，实践中犯罪嫌疑人的财富、官职、户籍、受教育程度等都有可能会成为影响检察机关起诉裁量的不公平因素，成为平等保护原则贯彻于刑事程序的阻碍。

---

① 谢小剑. 公诉权制约制度研究 [D]. 成都：四川大学，2007：84.
②③④ 周长军. 认罪认罚从宽制度推行中的选择性不起诉 [J]. 政法论丛，2019（5）.

二、功利执法型

功利执法型不起诉与报复性起诉是个别检察人员滥用公诉裁量权的一个硬币的两面。报复性起诉（Vindictive Prosecution）一词源于美国，意指检察官基于"报复性"或"惩罚性"目的提起的指控，即带有报复性动机地对嫌疑人恶意或者加重起诉。[①] 我国认罪认罚制度的走深向实扩张了检察机关的公诉裁量权，"少捕慎诉慎押"的刑事政策与认罪认罚制度的现代司法宽容精神一脉相承，尤其是认罪认罚案件中对酌定不起诉的充分应用扩张了检察机关起诉裁量权的范围，同时也为权力的滥用提供了土壤，可能诱发功利型不起诉与报复性起诉的不当适用。认罪认罚制度不同于美国的辩诉交易制度，但其本质上仍带有控辩协商的色彩。毋庸置疑，检察机关在这场协商中拥有绝对的主导地位，易变质为"权力异化"：检察机关在办理共同犯罪案件或者类案时，在控辩协商过程中，在缺乏明确法律依据的前提下，以不起诉部分或者全部犯罪事实为由换取嫌疑人主动认罪认罚，而在此过程中对拒绝认罪、认罚或者积极行使诉讼权利延误办案进程的嫌疑人提起公诉，以此形成一种"配合办案予以不起诉恩惠"的策略，无形中使得起诉与否的裁量成为胁迫嫌疑人认罪、认罚的可能。这种可能的存在有其独特的现实依据：目前我国刑事诉讼制度正发生深刻转型，初步形成以认罪认罚为基本诉讼模式的刑事诉讼新模态，近年认罪认罚从宽制度的适用率保持在 90% 以上，以嫌疑人认罪认罚配合办案

---

① 高通. 美国禁止报复性起诉规则研究 [J]. 国家检察官学院学报, 2011 (1).

实现及时侦破案件、缩短办案周期、降低起诉成本的带动效应。检察机关是推进认罪认罚制度适用的主导者，同时也是这一制度的受益者。目前司法系统面临着"案多人少"的现实困境及由此带来的司法能力危机，减案提速是减轻办案人员工作负荷的一剂良药。在审查起诉阶段，认罪认罚制度的适用可缩短检方审查起诉的平均用时，在嫌疑人口供获得、关键证物取得及证据的合法性、相关性方面的审查难度明显降低，减轻后续出庭工作的负担，同时也缓解了检察机关面对胜诉率考核的压力，因此检察机关对于推进认罪认罚制度的适用有着强烈的现实动力。但是，犯罪嫌疑人适用认罪认罚制度的前提是其确实存在事实上的犯罪行为，故以争取通过自愿如实供述罪行获得宽大处理。但若其本身为无罪的无辜者，在人身自由被剥夺的羁押状态下，出于对刑事追诉程序的陌生和恐惧，而其辩护权又保障不足的情况下，很有可能出于对检察官报复性、惩罚性起诉的恐惧——认罪轻不认罪重，或者仅因被告知认罪"能出去"——为了取保候审短暂获得自由而认罪认罚，那么检方作出酌定不起诉决定或者继续向法院提起公诉明显违背相应的证据证明要求，毕竟对无辜者应法定不起诉，而酌定不起诉是对已经被证实的犯罪事实的一种宽大处理，因此两者于犯罪嫌疑人而言有本质的区别。对于嫌疑人拒绝认罪的，检方如果仅出于其不配合办案增加自己工作量的功利性目的，报复性选择性地提起诉讼，无疑为嫌疑人增加不公平的诉累及获得有罪裁判的可能。

作为报复策略的不起诉，有学者称之为"教训策略型不起诉"，作为一种教训或报复策略，检察机关对所谓的"不配合"办案或者因行使诉讼权利等行为给办案机关带来麻烦或者风险的嫌疑人提起公诉，对其他人不起诉。① 而对于应诉不诉的案件，在实践中，既难以发现，也难以纠正。虽然刑事诉讼法规定被害人可向检察机关申诉，并可向人民法院提起自诉，但是成功率是不高的。

三、以权谋私型

以权谋私型的选择不起诉是办案人员基于金钱等利益诱惑、人情社会下的熟人关系网等因素，对主观上明知符合法定起诉条件的犯罪嫌疑人，客观上作出不予起诉的决定，从而放纵犯罪，以敛取利益。贿赂作为一种导致公职人员走向职务违法犯罪的客观因素而存在。2018—2022 年，最高人民检察院有 10 人因违纪违法被查处；地方检察机关有 3403 人因利用检察权违纪违法被查处，其中被追究刑事责任 340 人。②

司法腐败形势严峻，对于法治队伍的长远建设是一个不可忽视的问题。尤其是在个别地方司法机关内的纪律整治、作风建设、问责追责机制不够健全，人情社会的关系网冲击着既有的规则，找熟人走关系成为常态，诱发了司法腐败中的人情案、关系案、金钱案。办案检察官利用职务上的便利，为犯罪嫌疑人在案件办理过程中谋取利益，为其作出不起诉的决定。同一地域内人情关系网密切，易在机关内部形成检察官之间的利益共同体，导致类案群案多发，个案公正难以保证，刑法的一般预防作用也将化为泡影，在社会形成放纵犯罪的不良风气，甚

---

① 周长军. 认罪认罚从宽制度推行中的选择性不起诉 [J]. 政法论丛，2019 (5).
② 参见 2023 年《最高人民检察院工作报告》。

至最后沦为部分黑社会犯罪的"保护伞"。司法公信力是社会对司法机关的信任程度，是对司法机关办理案件的程序、结果的认同程度。办案检察官对应提起公诉的犯罪嫌疑人的不当放纵，势必影响司法公信力和群众对公平正义的期待。

四、客观标准不明型

这种情况是因立法设计上较为宏观，导致不起诉裁量权的适用高度依赖检察官的个人专业素养，不同地域的检察官专业水准参差不齐，导致的个案处理上的个体差异和地区差异。尤其是酌定不起诉的适用标准相对抽象，检察官往往基于对案件的个性化专业判断而作出起诉与否的处理，具有明显的个体差异性。即使专业素质较高的不同检察官，对同一类案件也可能有不同的判断和处理。

笔者通过访谈发现，在毒品纯度极低的新型毒品案件中，检察官在毒品数量的认定及对量刑的影响等层面往往有不同的考量和判断，从而影响对案件的最终处理，这便是酌定不起诉适用的客观标准不明映射到司法实践中所表现出来的差异。

第四节　不起诉制度的适用异化

证据裁判原则要求在现代刑事程序的场域内，证据为认定案件事实的唯一依据。定罪量刑应依赖完整的证据链，当存在一定证据证明犯罪嫌疑人可能实施了犯罪事实，但又存在证据缺失致证据链不完整、难以排除合理怀疑的情况时，即为事实不清的疑案。此处所讨论的疑案仅指在事实认定方面存在疑问的案件，法律适用不明之疑不在讨论范围内。我国审查起诉阶段的疑案处理应以证据不足作出不起诉的决定，但现行司法实践运行中的处理方式多元，这源于证据确实、充分的证据要求在实践适用的标准不一，对同一案件，不同办案系统、办案人员可能基于主观判断的差异而存在不同认识。另外，检察机关在疑案办理中，不可避免要考虑案件所引发的社会舆论影响，兼顾公安机关、被害人立场，受制于办案指标、上级机关压力，对于在证据方面有所欠缺的疑案"不敢不诉"，便产生了不起诉制度的适用异化问题，衍生出实践中的"疑案从有""疑案从轻""疑案从撤""疑案从挂"等做法。

一、疑案从有

我国《刑事诉讼法》第 12 条、第 51 条、第 55 条、第 56 条第 2 款、第 59 条第 1 款、第 176 条第 1 款、第 200 条要求人民检察院承担举证责任、以合法证据证明被告人有罪到确实充分排除合理怀疑的证明标准，这是防冤纠错的重要规定。但一些地方实践中出现个别违反以上法律规定、违反党中央和最高人民检察院对检察办案要求的情况，在不必须拘留逮捕的案件中将嫌疑人一律羁押，然后以不认罪就不取保会重判、认罪可取保轻判，迫使嫌疑人在律师辩护不足、指控证据不足的情况下被迫认罪，从而对本应不起诉的案件提起公诉，以致造成冤假错案。

当前适用认罪认罚从宽制度办结的案件已高达九成。依据我国法律规定，认罪认罚案件的证据证明标准与普通案件一致，但实践中检察官受认罪认罚适用率、结案率指标的影响，易存

在重认罪供述、轻在案其他证据从而在一定程度上降低认罪认罚案件起诉证明标准的倾向。加上检方在认罪认罚过程中掌握着绝对主导权，在权力地位、信息、专业和心理等方面存在全方位的优势，而嫌疑人的人身自由、财产受到限制，对起诉证据知情不充分，辩护权也缺乏充分保障。例如，目前我国辩护律师在侦查阶段的阅卷、调查取证权受到一定限制，辩护律师在警方检方讯问时不能在场，辩护律师与嫌疑人、证人的沟通交流存在伪证罪的顾虑，这都使嫌疑人的辩护权易受到损害。这种情况在仅有值班律师时，更加严峻。嫌疑人的人身、财产、辩护权利得不到充分保障，那么认罪自愿性就无从谈起。如果检察机关在定罪证据不充分的案件中利用优势地位迫使嫌疑人认罪，就增加了冤假错案的可能。

自 2019 年以来，我国检察机关不断提高不起诉比例，2020年为 13.38%，其中不构成犯罪或者证据不足不起诉的仅占16.87%。[①] 最高人民法院研究室针对 2008—2012 年无罪判决案件的相关调研报告显示，"存疑无罪案件与确定无罪（法定无罪）案件的比例相当""因控方证据不足不能认定被告人有罪而宣告无罪的占 49.79%""依据法律规定不认为是犯罪或不负刑事责任而宣告无罪的占 50.21%"。2020 年发布的一份针对2013—2019 年 1440 件无罪判决的实证研究能够在一定程度上说明 2012 年《刑事诉讼法》修正以来对不应起诉案件的错误起诉情况。研究表明，69.1%的案件为不符合犯罪构成要件的法定无罪，为无辜者案件；30.9%的案件为存疑无罪，属于证据不足不

---

① 参见 2020—2022 年《最高人民检察院工作报告》。

应起诉的案件。在存疑无罪案件中，判决书对证据不足使用了多样化的表述，其中未形成完整证明体系、不能排除合理怀疑占 12.1%，客观证据不足、证据无法相互印证占 5.6%；相关证据不能作为定案根据占 4.3%，事实不清、证据不足占 4.1%，事实或证据发生变化占 1.3%，仅有 2.9% 的案件在判决理由中明确提到了疑罪从无包括疑罪利益归于被告人等类似表述。其中，事实不清、证据不足被认为是模糊性表述。在二审或再审判无罪的案件中，10.8% 的公诉人提出了要求改判无罪的出庭意见。对于无罪判决提起抗诉 3 次、4 次的案件各有 1 例，占 1.4%。[①] 这些数据说明，一方面，司法实践中不应诉而诉的案件确实存在且绝对数量不少；另一方面，在错误起诉案件的二审、再审中，仅有 10.8% 的检察机关保持了客观、中立的立场，部分检察机关不能正确面对错诉，仍单方面追求并维护对无辜者或证据不足案件的错误定罪，甚至有极个别检察机关对无罪判决反复多次抗诉，涉嫌滥用公诉权。

二、疑案从轻

疑案从轻同为检察机关不起诉裁量权的错误适用行为，实质为"疑案从有"的一种变相表现，实务中外化为检察机关对证据上存在疑点的案件，在起诉与不起诉之间选择了"起诉但从轻处理"的折中办法，即对案件提起公诉的同时，附带提出较轻的量刑意见。

[①] 叶燕杰. 公诉案件无罪判决：趋势与阐释——基于 1440 份无罪判决的分析 [J]. 人大法律评论，2020（2）.

我国曾一度秉持严刑峻法惩治犯罪的治理思路，坚持"不放纵任何一个坏人"。当前刑事司法理念强调疑罪从无，现行《刑事诉讼法》第 2 条要求保障无罪的人不受刑事追究，但有一些办案人员受有罪推定的影响，对证据链难以形成闭环的案件仍选择提起公诉，对其中的证据疑点缺陷以提出较轻量刑意见的方式予以起诉，这显然违反了证据裁判、疑罪从无原则和《刑事诉讼法》第 6 条以事实为根据的要求，有违司法公正。疑罪从轻与疑罪从有一样，均是检察机关不敢用、不愿用、不会用不起诉制度的表现，是将惩罚犯罪凌驾于保障人权之上，不顾《中华人民共和国检察官法》（以下简称《检察官法》）第 5 条对检察官"秉持客观公正的立场"的要求。

三、疑案从撤

我国《刑事诉讼法》第 175 条、第 200 条，2021 年《最高人民法院关于适用〈中华人民共和国刑事诉讼法〉的解释》第 296 条对追诉机关、审判机关对事实不清疑案的处理方式作出了明确规定，即"存疑不起诉""撤回起诉""无罪判决"这三种疑案处理方式，其中以撤回起诉的适用最为常见，这似乎是两机关对无罪判决的消极回避。

撤回起诉是检察机关行使公诉权的一种消极方式，属于诉讼程序内的补救机制，其功能在于及时终结不当追诉，使被追诉人尽早摆脱讼累，实现司法效益最大化。① 但"我国撤诉实践

---

① 马若飞. 论我国撤回起诉制度的异化与矫正 [J]. 河南财经政法大学学报，2022（5）.

中存在'名实反差'、脱法运行、功能变异、程序正当化不足以及撤诉后恣意再诉的问题"。① 疑案从撤被有些检察人员异化为起诉权滥用的一种形式。一是对事实不清、证据不足的案件撤诉后作出酌定不起诉决定，这是为了避免法院对进入审判程序的疑案作出无罪判决，规避检方错案责任，也规避了公检错拘错捕的责任，是追诉程序的终结。二是对疑案撤诉后作出存疑不起诉决定，此时的撤诉仅意味着对案件刑事审判程序的终结。一方面，这并不意味着发生错案，更无后续错案追究的责任后果；另一方面，我国刑事诉讼法没有确立一事不再理或禁止双重危险规则，检方随时可因发现新事实、新证据为由再次提起公诉，嫌疑人被撤诉后的权利安定性没有保障，易使撤诉沦为重复起诉的不当手段。三是检察机关撤回起诉后诉讼进程不明，作出不起诉的处理并不是检方的唯一选择，退回补充侦查导致程序倒流，嫌疑人可能再次陷于诉累，甚至依旧被羁押。就此看来，以上疑案从撤无疑是司法实践中起诉裁量权滥用的表现。

实际上，检方对证据不足案件作出的起诉决定，往往并不是由于对证据充足性的判断能力不足，而是由于"撤回起诉"在某种程度上已经异化为证据不足案件的一种退路。例如，某中级人民法院 2010 年审理的朱某杀人证据不足案就是如此。承办人认为证据有疑点，被告人提出无罪辩护意见，但经审判长审查、合议庭评议、庭长审核，并与检察机关沟通，最终以检

---

① 周长军. 撤回公诉的理论阐释与制度重构——基于实证调研展开［J］. 法学，2016（3）.

察机关撤回起诉结案。① 对于证据不足的案件，检察机关的办案思路之一是先起诉到法院，如果法院不愿意判有罪，法院会跟检察院协商要不要撤诉，不撤诉才会判决无罪，这时检察官再撤回起诉。这是撤回起诉制度异化为起诉权滥用的典型表现。

四、疑案从挂

疑案从挂是对存在证据不足、存疑案件的一种不正常搁置状态，变相超越《刑事诉讼法》对办案期限、羁押期限的限制，过分拖延本该结束的诉讼进程。审查起诉期限的有限性往往难以满足疑案调查取证的时间要求，而检察机关又不甘对嫌疑人作出罪处理，最终导致案件久拖未果。

疑案从挂的本质是以形式上的合法性掩盖实质上的违法性，具体表现形式如下。其一，检察机关滥用退回补充侦查、滥用撤回起诉，以变相延长审查起诉期限。其二，检察机关违法超期羁押，滥用延长羁押期限，对不符合法定羁押理由的案件延长羁押。其三，公检法机关之间办案期限的"违法借用"。其四，检察机关提前介入侦查机关，以公诉权指导侦查权。被搁置处理疑案中的犯罪嫌疑人一般处于羁押状态，由于证据不足案件被"一拖再拖"，犯罪嫌疑人也被"无止境"剥夺人身自由。此外，取保候审、监视居住也可能成为检察机关变相限制犯罪嫌疑人人身自由的方式。当案件关键证据缺失，实在难以对其予以继续羁押的，检察机关此时可能通过取保候审、监视

---

① 周斌. 政法各部门全面落实两个证据规定取得显著成效 [N]. 法制日报，2011-02-14.

居住的方式将犯罪嫌疑人困于诉讼，将案件搁置起来，继续为自己争取调查取证的时间。

不起诉裁量权在司法实践中的适用异化为疑案从有、疑案从轻、疑案从撤、疑案从挂，是检察机关不敢用、不愿用、不善用、不会用证据不足不起诉制度的表现。此外，行使酌定不起诉裁量权的过分谨慎也易发生上文所述的异化现象。"敢于、善于、规范"用好不起诉制度是对惩罚犯罪与保障人权关系的妥善处理，也是现代法治国家建设必须攻破的重要难题。

第五节　不起诉类型的误用与混用

我国法定不起诉、酌定不起诉、证据不足不起诉、附条件不起诉、核准不起诉五种不起诉类型的适用条件于法律条文均有明确的规定，似乎不会出现误用、混用的问题。但司法实践的复杂性、丰富性使得不起诉类型的运用很难与法律条文一一对应进而直接对号入座。造成上述情况的原因，或是客观适用条件的模糊性，或者是主观心态的偏向性，总之司法实务中不起诉类型的误用、混用亟须关注，下文将一一分析。

一、法定不起诉与证据不足不起诉的混淆

根据我国《刑事诉讼法》及相关司法解释，法定不起诉适用于犯罪嫌疑人没有犯罪事实，或者具备《刑事诉讼法》第16条规定的法定情形的案件；而证据不足不起诉适用于检察机关指控的案件，其在案证据未达到证据确实、充分的证明标准，

存在证据不足。单根据现行法规定的适用条件来看，两者存在清晰的区分标准，似乎很难有混淆适用之可能，但实践情况并非如此理想。法定不起诉是在犯罪事实、法定条件的有无之间作判断，证据不足不起诉是在在案证据是否达到证明标准层面做技术性的判断，本质上检察机关的判断过程是回答"是"与"否"的问题。证据确实、充分排除合理怀疑是判断犯罪事实存在的标准，个别证据的瑕疵可能会引导检察机关偏离对犯罪事实有无的关注，导致证据不足不起诉误用于应为法定不起诉的案件；另外证据认定的复杂性也难免产生两种不起诉类型的适用分歧。笔者试举几例。

案例1：连某在民警处理纠纷过程时现场围观，连某认为民警执法着装及言行有失规范，向其询问警号，后被拒绝。连某拿起手机对民警执法过程拍照记录，在拍摄过程中连某手机被民警夺走，后在索要无果的情况下，通过抓扭民警手腕的方式夺回手机。经鉴定，民警身体损伤程度为轻微伤。连某后因妨碍公务被带至派出所，以妨碍公务为由移送区检察院。该检察机关以证据不足对连某作出不起诉的决定。连某不服提出申诉，上一级检察机关认为根据执法记录仪的记录，连某当时的拍摄行为距离民警一段距离暂未形成干涉民警执法的威胁，在此情况下民警夺取连某手机的行为超越执法权限，欠缺合理性及必要性。连某夺回手机的行为不属妨碍公务，最终变更原证据不足不起诉的决定，依照"犯罪嫌疑人没有犯罪事实"对连某作出法定不起诉的处理。①

---

① 京三分检刑申复决（2018）8号。

　　案例 2：唐某因生活琐事追打罗某，前两次罗某均逃脱。后某日，唐某携带水果刀尾随下班回家的罗某，被罗某发现后打其左脸一耳光。罗某当即抓住其头发，并用随身携带的折叠伞打击唐某头部数下。唐某掏出水果刀向罗某捅刺，罗某被迫边后退边用折叠伞还击。因事发为雨天，道路湿滑，在打斗过程中唐某摔倒，罗某趁机逃跑，但滑倒摔在路上，此时唐某追骑于罗某身上用刀柄猛击其头部致其受伤，后罗某不再还手，趁唐停止攻击时逃离案发现场。唐某的鼻骨受轻伤二级。当地检察院以鼻骨受伤是否因罗某造成无法证明为由，对罗某作出证据不足不起诉的决定。后经罗某申诉，上级检察机关以罗某行为为正当防卫，对其作出法定不起诉的处理。[①]

　　很明显，上述两案中的犯罪嫌疑人均符合法定不起诉的条件，但在实际办案过程中以证据充分性为由被作出证据不足不起诉的决定，后经被不起诉人申诉得以适用法定不起诉。

　　此外，受个体差异性、实际情况多样性、复杂性的影响，对于案件当事人主观心态的证明，较有难度。这种情况多发生在伤害案中，同样的轻伤伤害结果，故意或者过失的主观心态于定罪是"能"或"不能"的本质差异。主观心态证明不能问题属证据不足不起诉的范畴内，但实务中与法定不起诉难以区分。例如，在一起伤害案中，检方就犯罪嫌疑人对被害人作出伤害行为的主观心态，存在间接故意或疏忽大意的过失的分歧。在案证据仅能证明嫌疑人确有推搡、拽倒被害人之行为及双方之间确存在矛盾，但并无相关证据证明犯罪嫌疑人的主观心态。

该案被害人仅有轻伤，在此情况下，疏忽大意的过失心态主导下的行为将无须对轻伤结果承担责任。

二、法定不起诉与酌定不起诉的混淆

从现有法律规定上看，法定不起诉的适用条件大概包括三类：不需要追究刑事责任（没有犯罪事实或虽有犯罪事实，但非犯罪嫌疑人所为或犯罪情节显著轻微、危害不大）；停止追究刑事责任（超过诉讼时效、特赦令）；无法追究刑事责任（犯罪嫌疑人死亡、自诉案件未诉或撤回起诉）。其中，"犯罪情节显著轻微、危害不大"与酌定不起诉适用条件中"犯罪情节轻微"具有相似之处，均以犯罪危害程度作为判断指标，也便产生实践中因对犯罪情节的错误判断致法定不起诉与酌定不起诉的混淆适用。法定不起诉本质上是一个刑事实体法问题，是在解决事实层面的犯罪与否问题；而酌定不起诉对犯罪情节危害程度具有较大的裁量空间，其依据办案人员对案件本身及犯罪嫌疑人具体情况的综合了解、社会公共利益衡量，是对已具备犯罪事实的案件基于合目的性考量后作出罪处理。由此不难看出，法定不起诉与酌定不起诉的适用存在本质差异，法定不起诉的适用是事实判断问题，对事实的判断定然有客观与否的对错之分；而酌定不起诉的适用是价值判断问题，具有相对性，很难评价对错。那么，案件被作出法定不起诉处理后便证明此前环节的案件处理工作存在瑕疵，轻则影响办案指标考核，重则作为错案被追责。同样是被逮捕羁押的犯罪嫌疑人，被作出法定不起诉的处理或酌定不起诉的处理，后果大相径庭，对相关办案人员会产生不同负面影响，诱发被不起诉人甚至社会公众对办案能力的质疑，同时衍生后续的国家赔偿问题。因此实践中，难免存在个别检察人员基于公检关系、社会舆论压力影响将应作出法定不起诉的案件适用酌定不起诉，回避法定不起诉可能伴随的案件质量问题。

笔者通过威科先行法律数据库检索，收集到北京市一起相关案例。被不起诉人李某某买手机先支付 1500 元后，被王某某告知手机为合约机，需要李某某再行交纳 9800 元套餐费才可给其手机，否则之前交纳的 1500 也不予退还。李某某当时认识到这可能是一种骗局遂要求退款，但受到赵某、王某某等人的纠缠、威胁、无法离开现场，受到持续性强迫与恐吓。李某某在与其纠缠过程中打中赵某鼻子，赵某经鉴定为轻伤二级。后案件进入刑事程序，李某某案被移送至检察院，检察机关以"犯罪情节轻微"为由对李某某作出酌定不起诉的处理决定。后被不起诉人李某某不服决定上诉，并指出办案民警在案件办理过程中，以威胁恐吓的方式强迫其家属调解。最终，检察机关认为被害人赵某某的行为是带有强迫交易性质的纠缠、限制人身自由的手段，具有"软暴力"的特征，李某某的行为属于对不法侵害的正当防卫，对其以"犯罪嫌疑人没有犯罪事实"为由作出法定不起诉的处理。①

即便是再完整的证据链也无法准确复刻案件的原貌，办案人员对案件的认识总是有限的，当然不可避免在适用何种不起诉类型时会存在争议，从而出现混淆适用的情况。上述案例不是法定不起诉与酌定不起诉混淆适用的孤例，法定不起诉与酌

---

① 京海检四部审监刑申复决（2019）5 号。

定不起诉混淆适用的原因是复杂多样的。上述对犯罪情节的错误判断或者是企图以酌定不起诉的方式，回避后续可能的错案追责，可能仅是现有复杂的实践概况中的"冰山一角"。

三、酌定不起诉与证据不足不起诉的混淆

酌定不起诉与证据不足不起诉的混淆情况在实践中存在较为复杂的原因。一是证据的数量和质量参差不齐、证明过程不简单、案情复杂多样，在此情况下办案人员主观思维模式差异下的证据认定便可能存在比较明显的分歧，产生证据不足不起诉与证据充分可认定为犯罪但犯罪情节轻微的不起诉之适用冲突。二是对犯罪嫌疑人作出酌定不起诉或者证据不足不起诉将会产生不同的法律效果，尽管这两者同属出罪程序，但依据《中华人民共和国国家赔偿法》（以下简称《国家赔偿法》）第19条第（二）项的规定，酌定不起诉案件的被不起诉人被羁押的，国家不承担赔偿责任；而证据不足不起诉案件的被不起诉人被羁押的，依据《国家赔偿法》第17条第（二）项的规定，其有取得国家赔偿的权利。三是案件存在证据分歧，个别办案人员对直接作出证据不足不起诉的决定心有不甘，毕竟证据不足不起诉同时也意味着指控工作失败。但酌定不起诉是检察机关对犯罪轻微案件的宽大处理，包含对犯罪嫌疑人确有犯罪行为的负面评价，但依据《国家赔偿法》第19条第（二）项的规定，酌定不起诉案件的被不起诉人被羁押的，国家不承担赔偿责任。证据不足不起诉案件的被不起诉人被羁押的，依据《国家赔偿法》第17条第（二）项的规定，其有取得国家赔偿的权利。

　　例如，2020 年，大学生张某在校外偶遇在学校附近打工的同村发小，发小要求借用张某的身份证办理银行卡和 U 盾、手机号，张某问起用途，发小说自己银行卡被冻结了，想借用一下用来收款。事后发小付给张某 700 元现金。后发小将这一套账户以 3000 元的价格卖给网络诈骗犯罪团伙，张某称对此并不知情。该团伙在一周内利用这一套账户将近千万诈骗款项转移出境。侦查机关讯问发小时，发小说只是卖银行卡牟利，不知道收买者是谁也不知作何用途。侦查机关对发小未予追诉，但对张某以涉嫌帮助信息网络犯罪活动罪（以下简称"帮信罪"）立案侦查并拘留，后移送检察机关审查起诉。检察机关以该罪名对张某起诉，人民法院认为不构成犯罪。人民检察院遂撤诉，撤诉后对张某适用认罪认罚相对不起诉。

　　该案张某所涉嫌的帮信罪，主观要件是必须有犯罪故意，即明知他人利用信息网络实施犯罪，为其犯罪提供帮助。已有证据并不能证明张某具备帮信罪的犯罪故意。已有证据能够证明的是，张某把自己的卡给发小使用，而发小背着张某把卡卖给他人。既无证据证明张某知道发小把自己的卡卖给犯罪团伙用来犯罪，也没有证据证明张某与犯罪团伙有任何联系和有为犯罪团伙提供帮助的主观意愿。何况，公安机关、检察机关均认定其发小的行为不属于利用信息网络实施犯罪，张某为其提供帮助，也无法证明张某属于为犯罪提供帮助。该案并无足够证据证明张某的行为构成犯罪，应直接作出不起诉决定，而非通过拘留等方式迫使其认罪认罚后取保候审、作出相对不起诉决定。

　　以上案件中的存疑不起诉被混淆适用相对不起诉，相对不起诉免除了侦查、检察机关错拘错捕的国家赔偿责任，维护了两机关及其人员在考核和纪律上的利益，然而却给被不起诉人造成了一定的不利法律后果。

四、酌定不起诉与附条件不起诉的混淆

酌定不起诉与附条件不起诉制度的适用同属检察机关起诉裁量权的范畴，两者适用的区分界限较为模糊。从《刑事诉讼法》的现有规定看，检察机关针对某一案件裁量为"不需要判处刑罚或者免予刑罚"时可适用酌定不起诉。而对于《刑法》第四至第六章的"不需要判处刑罚或者判处1年有期徒刑以下刑罚"的未成年人刑事案件可适用附条件不起诉。由此，不难发现这两种不起诉类型的适用条件本身便存在着一定重合，加上"可能判处刑罚"的判断本身就存在着一定的裁量空间，以致司法实践中两者的适用界限时常难以把握。

一方面，对于附条件不起诉，检察机关制定有针对性的考察方案，通过6个月至1年的考察期，对未成年人进行监督考察，参与帮教考察的社会力量逐步体系化，令未成年人复归社会的后期效果更好。在实践中检察机关案多人少，基于快速结案的考量很可能对应适用附条件不起诉的案件选择适用酌定不起诉"不诉了之"，但酌定不起诉很难关注涉罪未成年人后期的矫正效果，而附条件不起诉则可在一定程度上确保不起诉决定作出后的矫正效果。附条件不起诉制度以教育改造涉案未成年人，使其迅速正向回归社会为目标导向，在诉讼过程中附条件不起诉制度的适用并不具有程序终局性，对出现新罪、漏罪等情形可予撤销不起诉。

另一方面，如果不加区分地一律适用附条件不起诉制度，

则是对酌定不起诉适用于未成年人案件的不信任，也可能是对未成年人尽快回归社会的延误，背离附条件不起诉的制度初衷。在 2012 年我国正式确立附条件不起诉制度之前，酌定不起诉制度广泛适用于未成年人案件中，并积累了相当的成熟经验。对于部分符合附条件不起诉适用条件的犯罪情节轻微案件，若涉罪当事人并无严重的行为偏差，不具有设置考验期帮教矫治的必要性，检察机关仍应直接适用酌定不起诉。

虽然上文所述的四种不起诉类型的适用均有在审查起诉程序的出罪功能，但效果与被不追诉人、国家追诉权有明显差异。法定不起诉、存疑不起诉于被不起诉人均无暗含的负面评价，而酌定不起诉则很难让其完全躲避"犯罪"的影子。总之不起诉类型的误用、混用是对无罪推定要求的证据裁判原则、疑罪从无原则贯彻不到位的表现，还需积极应对，妥善处理。

五、酌定不起诉后不了了之

对犯罪嫌疑人作出酌定不起诉的处理决定，免予刑事处罚但不意味着一定同时免去所有法律责任，"去犯罪化"的同时也不可姑息放纵违法行为。不起诉后的"不诉了之"是不起诉制度的"顾后"工作缺位的表现。用好不起诉制度，既要"瞻前"也要"顾后"，这里的"顾后"工作指做好不起诉与行政处罚程序、非刑罚处置机制的衔接工作，做好对被不起诉人的定期回访工作。

2021 年 10 月，最高人民检察院发布的《关于推进行政执法与刑事司法衔接工作的规定》（以下简称《衔接规定》）第 8 条规定："对被不起诉人需要给予行政处罚的，经检察长批准，人民检察院应当向同级有关主管机关提出检察意见。"这种由检察机关主导将案件由刑事程序转移到行政处罚程序的衔接即行刑衔接中的"反向衔接",也正是检察机关依法履行法律监督职责的体现。在实践中,检察机关对于酌定不起诉的案件,向行政机关提出检察建议的占比较低,且检察建议缺乏刚性约束力,若是检察机关对行政机关作出的行政处罚不满,虽《衔接规定》中要求行政机关书面回复处理结果,但并未赋予检察机关对处理结果不满而提起检察异议的权力,后续的跟踪监督途径并未在《衔接规定》中提及,检察意见有落空之虞,那么不诉之后的行刑衔接工作也就流于形式难有实效。犯罪嫌疑人被作出不起诉的决定后即可回归社会,对于一些不构罪但造成不良社会影响的行为,若"不诉了之"恐难令社会公众满意,社会公众可能会产生对司法公信力及案件公平正义的质疑。

实践中,"不起诉+社会公益服务"的创新模式崭露头角,以充分吸收被不起诉人参与社会公益活动,以实现司法对社会关系的修复功能,促进被不起诉人积极正向转化、融入社会。但是,目前非刑罚化处理方式仍较为单一且多地存在着"怕用错"的担忧,在适用案件类型方面具有局限性。

关注酌定被不起诉人的后续情况似乎始终是实践中总被忽视的关键问题,案件终结并不必然代表着被不起诉人的教育改造工作顺利完成,有些被不起诉人仍需进一步加强法治教育、引导思想转变。对这些被不起诉人开展定期回访工作还需形成常态机制,对特定被不起诉人的法治教育持续性、帮教效果仍存在进步空间,对特定案件作出不起诉决定后的"办理一案、警示一片"的办案实效有待加强。

第
二
章

• • •

不起诉权行使问题的原因分析

党的二十大报告指出，公正司法是维护社会公平正义的最后一道防线。要强化对司法活动的制约监督，加强检察机关法律监督工作，健全公安机关、检察机关、审判机关、司法行政机关各司其职、相互配合、相互制约的体制机制，规范司法权力运行，促进司法公正，努力让人民群众在每一个司法案件中感受到公平正义。如何满足新时代对敢用、善用、规范适用不起诉权的要求，亟须解决上文所述不起诉权行使中存在的不平等适用、异化适用、类型误用等问题。为此，应深入问题的根源探讨其成因。笔者认为，无罪推定未获贯彻、诉讼结构失去平衡、程序性监督力度不足，以及来自社会与司法环境的影响是造成不起诉权行使中的问题的主要原因，试从这些方面展开分析。

第一节　有罪推定

虽然《刑事诉讼法》第52条要求检察官等办案人员收集能够证实嫌疑人有罪或无罪的各种证据，排除合理怀疑地证明被告人有罪，但在我国刑事司法实践中，无罪推定、疑罪从无仍有待进一步贯彻，部分办案人员仍习惯进行有罪推定。如果检察官对嫌疑人有罪推定，很容易失去《检察官法》第5条所要求的"秉持客观公正的立场"，以有罪的眼光看待嫌疑人，忽视其享有的各项权利，会更重供轻证，为获得口供通过拘留逮捕后取保候审或者不认罪重判来诱使嫌疑人认罪，从而减轻控方证明责任，降低起诉条件。而嫌疑人在恐惧和孤立中为了避免审前羁押、避免重判风险而非自愿认罪。认罪认罚案件的现实是尚未建立完整的嫌疑人自愿认罪的保障和救济体系，而且目前大部分案件的侦查起诉阶段只有见证律师，缺乏对辩护权的保障，容易造成冤假错案，损害司法公正和社会公平正义。

有罪推定与无罪推定的要求背道而驰，未经审判默认嫌疑人、被告人有罪，潜移默化地影响着刑事诉讼的侦查、起诉、审判各个阶段。在有罪推定的理念之下，办案人员将嫌疑人、被告人作为罪犯对待，漠视嫌疑人、被告人的诉讼权利和实体权利，损害公正行使不起诉权和诉讼法治化。有罪推定会导致以下危害。

一、嫌疑人的人身财产等基本权利不被尊重

基于有罪推定，自立案侦查开始，无论是对人身的拘传、拘留、逮捕等羁押性强制措施，还是对财产的查封、扣押、冻结等强制性措施，都被默认为理所当然。但这些从无罪推定来看都是未审先罚，定罪之前就已经导致对被追诉人造成损害。普遍适用审前强制手段无论是对嫌疑人，还是对刑事司法系统的公信力，造成的损害都不可估量也无法挽回。

由历史教训可知，无辜者认罪的冤假错案很难在随后的程序中获得纠正。因为几乎所有人都认为精神正常的成年人要为自己的虚假供述行为承担法律后果，却想不到当强大的侦诉审机关实行有罪推定时，嫌疑人被认定为有罪，权利已被剥夺，

大部分嫌疑人面对无辜者困境时都会因为绝望而妥协，当饮水、食物、睡眠、避免被殴打等成为第一需求时，所有人会作出相同的选择——被迫认罪。

所以需要正视的是，处于弱势且在恐惧中的嫌疑人当生命、健康、自由、财产等基本权利持续受到切实损害时，在侦控方强大的心理攻势下会彻底放弃无罪辩护，甚至会因恐惧想方设法配合侦控方证明自己有罪，并听从侦控方让自己的认罪供述合乎逻辑，以使供述与案件中其他证据相互印证。

而且，一旦使用审前强制手段，刑事追诉就难以停止，即使发现确属错误追诉，因无人愿承担错案赔偿责任导致一错到底。这对控方而言，意味着错案、责任、绩效、赔偿风险一直存在，一旦嫌疑人被无罪判决或者存疑不诉、无犯罪事实不诉，控方的风险就变成现实。由此可能会导致控方孤注一掷起诉或者强势决定适用相对不起诉，不但影响不起诉权的合理适用，而且对司法公正和司法公信力产生负面影响。

习近平总书记指出："推进公正司法，要坚持司法为民，维护人民权益。重点解决好损害群众权益的突出问题，决不允许对群众的报警求助置之不理，决不允许让普通群众打不起官司，决不允许滥用权力侵犯群众合法权益，绝不允许执法犯法造成冤假错案。"[①] 有罪推定易造成忽视嫌疑人、被告人人身、财产、辩护权益，迫使无辜的人认罪，制造冤假错案。虽然冤假错案在数量上是少数，但 $100-1=0$，违背习近平总书记在党的二十

---

① 中共中央宣传部. 习近平新时代中国特色社会主义思想学习纲要［M］. 北京：学习出版社，人民出版社，2019：104.

大报告中强调的"努力让人民群众在每一个司法案件中感受到公平正义"的要求。我国法学理论界和实务界应深入学习习近平新时代中国特色社会主义法治思想，为了公正司法，为了避免冤假错案，尽快坚决消除有罪推定的错误理念和做法。

二、嫌疑人的律师辩护权不受尊重

侦控方与辩方之间的控辩对抗是刑事诉讼的基本规律。如果侦控部门实行有罪推定，既然已认定嫌疑人有罪，当然会全力追诉，难以接受辩护律师提出的不同意见，不尊重嫌疑人的律师辩护权和其他权利。法院也存在有罪推定的现象，在各种表现中最突出的就是辩审冲突，法官与作无罪辩护的辩护律师发生激烈对抗。如果法院在审判前推定被告人有罪，意味着审判方将自己置于控方角色，审判机关失去了中立，是控审合一的表现。审判中立是法庭结构的基本要求，不中立的审判机关扭曲诉讼结构，危及自身权威和公信力，损害司法公正。

从防冤纠错的经验教训可知，假设侦查、起诉两部门进行有罪推定，加上不起诉的案件中律师辩护率不高，而律师仅起到见证、签字的作用，那么辩护权实质上是被剥夺了。由于辩护资源匮乏，没有专业帮助和发声的能力，嫌疑人被有罪推定的办案方式所困，很快就认识到：如果不配合认罪将受到更严重的现实危险，追诉和惩罚就不会停止；如果认罪或可取保候审，不认罪则面临审前的长期羁押；认罪或可不起诉，不认罪则面临重判；而无罪辩护毫无胜算，于是在绝望中被迫认罪。在认罪案件中剥夺或削弱律师辩护权等同于抹杀了嫌疑人认罪自愿性，很容易造成嫌疑人非自愿认罪。实际上，嫌疑人如果

对刑事诉讼和相关法律一无所知，被羁押后孤立无援、脱离熟悉的环境、与外界和亲友断绝联系，任何人在这种情况下证明自己无罪都几乎是不可能完成的任务。而无罪推定的要求是，嫌疑人被推定无辜，不需要证明自己无罪，法律推定他无罪。证明嫌疑人有罪到排除合理怀疑的程度是检察机关的责任。

三、解除侦查人员非法侦查讯问的道德与心理负担

从防冤纠错的经验教训可知，在有罪推定之下，侦控方将嫌疑人作为"有罪之人"，这导致其在办案中面对嫌疑人时将其作为罪犯，忽视嫌疑人权益，且很少有心理负担，其内心认为对"有罪的"嫌疑人、被告人施加"适当"惩罚是正当的，是罪犯应得的惩罚。任何人都有可能成为嫌疑人，如果嫌疑人不认罪甚至进行辩解，侦控方就会当然地认为嫌疑人没有认罪悔罪，属于犯罪后认罪态度不好，于是对待嫌疑人更加严厉。当案件证据不足时，侦控方会努力收集嫌疑人有罪的证据；当案件中有无罪证据时，容易被忽略不计。

在有罪推定之下，侦控方会认为即使程序逾界也心安理得，因为其所做的一切都是为了尽力打击犯罪，为了不使嫌疑人逃脱法网。例如，侦查机关互相帮助，由嫌疑人居住地以外的侦查机关立案侦查，规避嫌疑人居住地的目的是对其适用指定居所监视居住，最终目的是规避看守所的入所体检、隔离栅栏、录音录像等权利保障设施，以便违法取供。必须指出的是，这种有罪推定也没有真正把嫌疑人当作罪犯来对待，因为法律保护服刑人员的基本权利，法律对罪犯的惩罚也多是依法剥夺自由，而非身体伤害、精神心理强制等。事实上，隐藏在有罪推

定面具背后的人自认为不受法律约束，认为嫌疑人在其手中不受法律保护，没有把嫌疑人当作人来对待，这是嫌疑人被迫认罪的根本原因，这严重违背决不允许滥用权力侵犯群众合法权益，决不允许执法犯法造成冤假错案的要求。

四、有罪推定违反检察客观公正

从防冤纠错的经验教训可知，以有罪推定为前提，控方自始至终仅注重收集证明嫌疑人有罪的证据，容易忽略甚至隐瞒、销毁无罪证据。审查逮捕或者审查起诉时，检方也会提出收集有罪证据的各种检察意见，退回补充侦查意见中多是要求收集有罪证据的指导，而忽略对无罪证据的收集，违反法律所要求的既要收集有罪证据也要收集无罪证据的客观公正立场。

嫌疑人一旦被迫认罪，侦查起诉部门就会更加无视无罪证据。由于认罪认罚案件在法庭上并不需要出示证据，一旦检察机关起诉，辩护人与被告人出于怕重判的顾虑不作无罪辩护，法官也无须在法庭上审查其他证据，当然也难以发现认罪的人是否无辜。

五、有罪推定减轻控方证明责任

有罪推定所导致的可能后果是在立法、司法实践中减轻控方证明责任，试举两例。其一，刑事诉讼法允许证人、被害人、嫌疑人、被告人、勘验人、检查人、鉴定人等证言以书面的讯问、询问、勘验、检查、搜查、扣押笔录、鉴定意见等形式进入诉讼。如果绝大部分人证不出庭，辩护人对证言的真实性及人证的可信度无从向人证本人质证，则被告人的质证权得不到充分保障。这削弱了被告人的辩护权，破坏了法庭公正审判的结构，会导致即使在没有确凿人证物证的案件中，嫌疑人、被告人仍有可能被定罪，显著减轻了控方证明责任。其二，刑事诉讼法允许违法取证的证据用于起诉和审判，言辞证据不完全排除，实物证据几乎完全不排除，讯问被羁押人时律师不在场，羁押下的非自愿供述排除机制尚未建立。违法取证的行为侵犯了嫌疑人被告人的权利，降低了对控方取证的合法性要求，从而显著降低了控方证明责任，尤其是当采纳非自愿供述时，近乎免除了控方证明责任。

六、有罪推定损害制约关系

有罪推定有导致辩护、审查起诉、审判等对错误羁押、错误起诉的司法制约机制失灵的风险。辩护不足、长期羁押与查封扣押冻结对嫌疑人会造成无可挽回的实质性损害，由此产生的司法责任、国家赔偿责任等是侦查和检察人员无法也不愿承担的责任。这就可能造成在诉讼过程中，即使侦查、检察机关已经发现了错误，为了不承担相应的司法责任和国家赔偿责任或者为了侦查、检察机关的考核、绩效等个人利益和部门利益，也不愿及时纠错，而是对嫌疑人作出有罪处理。对于这类长期羁押导致不自愿认罪的案件，既然嫌疑人已经认罪，检察院作出相对不起诉或者向法院提起公诉的决定，法院也不敢轻易判无罪，人民监督、听证也容易流于形式，导致先罚后审、以罚定审等情况，在三机关分工负责、互相配合、互相制约的关系中，制约机制失灵。

总之，有罪推定乃不起诉权诸问题的根源。有罪推定导致对辩护权的尊重和保障不足，导致审前普遍采取剥夺人身自由的强制措施或者对财产的强制性措施，致使嫌疑人、被告人在绝望无助中不自愿认罪并降低了控方证明责任，损害了不起诉权的公正行使。有罪推定对于不起诉中冤假错案的具体影响，既会造成不应诉的案件被起诉，又会造成不起诉类型的滥用。具体而言，第一，在被审前羁押丧失人身自由的案件及律师辩护权保障不足的案件中，造成无辜的人不情愿认罪，以避免重刑，使本应不起诉的案件被起诉。第二，有罪推定致使相对不起诉成为案件不起诉的唯一选择，对无辜者进行事实上有罪的检察认定。有罪推定所导致的这些做法与《刑事诉讼法》的规定完全相悖，是造成不起诉权滥用、产生冤假错案的根源。

人民群众每一次求告无门、每一次经历冤假错案，损害的不仅是他们的合法权益，更是法律的尊严和权威，是人民群众对社会公平正义的信心。习近平总书记强调，要懂得"100-1=0"的道理，一个错案的负面影响足以摧毁九十九个公正裁判积累起来的良好形象。① 有罪推定侵犯公民基本权益，破坏法治的根基，动摇人民群众对司法的信任，损害司法权威。因此，彻底消除有罪推定的观念与做法，深刻理解无罪推定在观念、立法、司法适用中的具体要求，保障无罪推定的贯彻落实，是研究不起诉权的公正行使的必然要求，是不起诉权公正行使的必要条件。

---

① 中共中央宣传部. 习近平新时代中国特色社会主义思想学习纲要 [M]. 北京：学习出版社，人民出版社，2019：104.

第二节　辩护权保障不足

对嫌疑人被告人辩护权的保障不足是造成不起诉权行使问题的重要原因。我国《宪法》第 130 条规定，被告人有权获得辩护。《宪法》第 33 条第 2 款规定，公民在法律面前一律平等。《刑事诉讼法》第 6 条也规定，对于一切公民，在适用法律上一律平等。实践中的有罪推定导致对嫌疑人、被告人辩护权的认识及其保障经历了一个较为曲折的发展过程，至今仍存在对辩护权的保护不足及不平等的现象。

一、以法律帮助取代辩护

在认罪认罚案件中，大量的嫌疑人所享受的法律援助并非来自辩护律师，而是来自值班律师，值班律师所提供的法律援助在刑事诉讼法上不称为辩护，而是称为法律帮助。《刑事诉讼法》第 37 条辩护人的责任、第 39 条辩护人的会见通信权、第 40 条辩护人阅卷权、第 41 条辩护人申请调查取证权、第 43 条辩护律师的调查取证权等条文，其中既未提及值班律师有此权利，也未提及法律帮助。至于何为法律帮助，依据《刑事诉讼法》第 38 条的规定："辩护律师在侦查期间可以为犯罪嫌疑人提供法律帮助；代理申诉、控告；申请变更强制措施；向侦查机关了解犯罪嫌疑人涉嫌的罪名和案件有关情况，提出意见。"同时，依据《刑事诉讼法》第 36 条的规定："法律援助机构可以在人民法院、看守所等场所派驻值班律师。犯罪嫌疑人、被告人没有委托辩护人，法律援助机构没有指派律师为其提供辩护的，由值班律师为犯罪嫌疑人、被告人提供法律咨询、程序选择建议、申请变更强制措施、对案件处理提出意见等法律帮助。"《中华人民共和国法律援助法》（以下简称《法律援助法》）第 30 条对值班律师法律帮助的规定与《刑事诉讼法》第 36 条相同。该法第 37 条则要求"人民法院、人民检察院、公安机关应当保障值班律师依法提供法律帮助，告知没有辩护人的犯罪嫌疑人、被告人有权约见值班律师，并依法为值班律师了解案件有关情况、阅卷、会见等提供便利"。明确值班律师享有了解案情、会见、阅卷的权利是一大进步，但尚未提及调查取证、申请调查取证等权利。

在认罪认罚实践早期，就要求给没有辩护人的嫌疑人提供值班律师，为刑事案件人人都有律师奠定了基础，是重大进步。但早期值班律师的职能及其所提供的法律援助内容极其有限。虽然 2017 年就有文件要求值班律师做到："为认罪认罚犯罪嫌疑人、被告人提供法律咨询、程序选择、申请变更强制措施等法律帮助，并向公安机关、人民检察院或人民法院提出意见。""在认罪认罚犯罪嫌疑人签署具结书时在场。"[①] 但是，由于当时没有明确值班律师的阅卷权等权利，所以值班律师能够提供的法律服务有限，工作内容多为劝服认罪、见证嫌疑人签署认罪认罚具结书，其本质是见证人，在性质上是证实认罪"自愿性"的控方证人。这使嫌疑人实质上没有获得辩护，其辩护权落空。

---

① 2017 年《郑州市司法局关于招募刑事案件认罪认罚从宽制度试点工作法律援助值班律师的通知》。

因此，学界和实务界提出了对值班律师制度的质疑。有学者总结值班律师曾被定位为"司法机关的合作者""量刑结果的协商者""诉讼程序的监督者""准辩护人"等。[①] 为此，2018年《刑事诉讼法》及2021年《法律援助法》对值班律师的法律援助内容作了列举式的规定。但如上文所述，这种法律帮助的内容远非辩护。2020年"两高三部"印发的《法律援助值班律师工作办法》第28条第3款规定，"公安机关（看守所）、人民检察院、人民法院应当与法律援助机构确定工作台账格式，将值班律师履行职责情况记录在案，并定期移送法律援助机构"。值班律师可能因为该项规定，出于对公安机关、检察机关参与其工作绩效考核的顾虑而倾向于配合侦诉机关的工作。这就可能造成大部分值班律师的法律帮助完全不同于辩护人的辩护。称职的辩护人是在充分会见、调查、认真阅卷的基础上，与检察机关负责任地进行沟通，提出包括有罪或者无罪、证据与程序的合法性、羁押必要性等综合性的辩护意见；而大部分值班律师的"法律帮助"，实际上使嫌疑人的辩护权被削弱、减损、落空，实质性地损害了嫌疑人的辩护权。

何况，从国际公约和域外对律师辩护一词的用语来看，法律帮助和辩护是可以通用的同义词。因此，使"法律帮助"区别于辩护，不仅在实践中侵犯辩护权，在理论上也说不通，不符合诉讼规律和诉讼原理。习近平总书记强调，公正司法是维护社会公平正义的最后一道防线。所谓公正司法，就是受到侵

---

① 姚莉. 认罪认罚程序中值班律师的角色与功能 [J]. 法商研究，2017（6）.

害的权利一定会得到保护和救济。① 2022 年 2 月 25 日习近平总书记在十九届中共中央政治局第三十七次集体学习时的重要讲话强调，我们坚持法律面前人人平等，把尊重和保障人权贯穿立法、执法、司法、守法各个环节，加快完善权利公平、机会公平、规则公平的法律制度，保障公民人身权、财产权、人格权，保障公民参与民主选举、民主协商、民主决策、民主管理、民主监督等基本政治权利，保障公民经济、文化、社会、环境等各方面权利，不断提升人权法治化保障水平。② 为了遵循习近平总书记的重要指示，亟须拓展值班律师"法律帮助"的内容，进一步完善对嫌疑人辩护权的保护和救济制度，使没有钱聘请律师的嫌疑人的辩护权与有钱聘请律师的嫌疑人的辩护权获得同等保障。

二、辩护权的保障不足难以应对错误追究

实践中由于辩护不足，嫌疑人又常因被羁押为取保怕重判而认罪，使辩方难以应对错诉案件。其一，目前立案阶段没有明文规定辩护人的介入。立案条件是有犯罪事实，需要追究刑事责任，但嫌疑人对法律一无所知，也难以判断自己的行为是否属于犯罪，是否需要追究刑事责任，对于不构成犯罪的案件，没有律师辩护则难以及时发现错误立案和错误追究。其二，侦查、起诉阶段还没有实行律师辩护全覆盖；审判阶段通过实行

---

① 中共中央宣传部. 习近平新时代中国特色社会主义思想学习纲要 [M]. 北京：学习出版社，人民出版社，2019：103.

② 习近平在中共中央政治局第三十七次集体学习时强调　坚定不移走中国人权发展道路　更好推动我国人权事业发展 [N]. 人民日报，2022-02-27.

律师辩护全覆盖改革，2022 年司法部公布的数据表明审判阶段律师辩护覆盖率为 66%①，全覆盖的任务仍有待推进。大量的嫌疑人、被告人没有辩护律师，导致嫌疑人基于不懂法、不知控方证据及对丧失自由和被重判的恐惧而认罪。其三，律师伪证罪的滥用使很多律师不敢调查取证。实践中有的辩护律师被错误追究伪证罪，虽然案例非常少，无罪处理的比例也大，但足以阻吓律师调查取证，阻碍了律师行使执业权，妨碍了嫌疑人的辩护权。② 其四，律师在警检讯问时不能在场，导致认罪认罚的协商是在警官、检察官和嫌疑人之间进行，这造成对认罪自愿性的制度保障不足，因为认罪自愿性是指在知情和律师辩护等权利保障基础上的自愿。其五，尚未确立有效辩护的观念、制度，除了部分阶段部分案件没有辩护律师以外，对于有辩护律师的案件中，如果出现律师失职的情况，也无法向嫌疑人提供救济。

三、有待建立有效辩护制度

在现有制度设计上，在侦查阶段采取拘留、逮捕措施时，未赋予辩护律师或值班律师阅卷权，导致律师对案件指控证据

---

① 司法部. 全国刑事案件律师辩护率达到 66% [EB/OL]. [2022-05-20]. https://www.chinanews.com.cn/gn/2021/09-24/9572591.shtml.

② 关于律师伪证罪的学术讨论有：杜小丽. 论"律师伪证罪"罪质独立性的消解——以刑事诉讼法的相应修改为进路 [J]. 法学，2013 (4)；毛立新. 律师伪证罪的追诉程序探析 [J]. 河北法学，2011 (10)；王永杰. 律师伪证罪的存废之争 [J]. 复旦学报（社会科学版），2011 (4)；王永杰. 论律师伪证罪的立案启动与规制完善 [J]. 社会科学，2011 (7)；王永杰. 论律师伪证罪的构成要件 [J]. 上海政法学院学报（法治论丛），2011 (2)；张兆凯，陈忠，冷必元，刘记福. 律师伪证罪应当存而慎用 [J]. 法学杂志，2009 (3).

不知情，无法就羁押问题提出有针对性的辩护意见。在审查起诉阶段，律师能够阅卷，但是即使律师发现案件可能属于无辜者案件的，由于不认罪案件获得无罪处理可能性非常低，无罪辩护可能会导致当事人被重判，律师也不敢轻易作无罪辩护，而是建议嫌疑人认罪，争取相对不起诉。基于实践中司法部门出现了一些不尊重嫌疑人辩护律师履行职责的现象，甚至阻碍辩护律师行使执业权利，导致律师无罪辩护需要勇气，坚持无罪辩护的律师也很难达到为无辜者纠错的辩护目的。

由于辩护权是专属于嫌疑人、被告人的权利，当制度上对辩护权的保障不全面、执法司法中对辩护权的维护不足、辩护律师不能尽职时，受到损害的是嫌疑人、被告人的权利。为此，应建立有效辩护及救济制度，确立无效辩护识别标准、救济渠道与方式，以确保在嫌疑人、被告人的辩护权受损时能够及时识别并能够获得救济。目前有效辩护制度及其所要求的无效辩护识别标准、救济渠道与方式均未建立。

总之，如果辩护制度无法真正有效地在实践中运行，就会导致嫌疑人的辩护权被减损，无法得到充分保障，也无法获得救济。值班律师的见证人化、法律帮助不足不仅侵害了嫌疑人的辩护权，损害了刑事辩护制度，而且违反了认罪认罚案件中的无罪推定及认罪自愿性，从而使检察机关的不起诉决定不正当，损害司法公正和司法公信力。彻底贯彻无罪推定原则，建立认罪认罚自愿性保障机制，建立对嫌疑人辩护权受侵害的识别和救济机制任重道远。

第三节　减损人身权与财产权

我国《刑事诉讼法》对于剥夺自由的拘传、拘留、逮捕规定于总则第六章"强制措施"专章，对财产的强制性措施规定于第二编立案、侦查和审查起诉的第二章侦查之第六节"查封扣押物证、书证"。在有罪推定之下广泛适用强制措施，主要存在以下问题：对嫌疑人普遍适用审前拘留或逮捕，对自由和财产的不当和不必要限制或剥夺容易造成强迫认罪风险，降低了控方证明责任，损害不起诉的公正适用。

一、审前羁押造成强迫认罪风险

审前羁押是在法庭定罪前对嫌疑人人身自由的剥夺。有权威数据表明："从 1999 年至 2019 年，我国刑事犯罪结构发生重大变化，严重暴力'自然'犯罪持续下降，新型危害经济社会管理秩序等'法定'犯罪大幅上升。但与此同时，我国刑事诉讼中提请逮捕案件批捕率仍近 80%，全部案件羁押候审人数超过 50%，每年有上百万人在羁押状态下候审。"① 在 2020 年全国"两会"上，最高人民检察院工作报告分析了二十年间重罪持续下降、轻罪持续上升的重大变化，提出了全面贯彻宽严相济刑事政策，对较轻犯罪少捕慎诉慎押的办案理念。2021 年，少捕

---

① 苗生明，纪丙学. 贯彻宽严相济 依法充分准确适用少捕慎诉慎押刑事司法政策——"检察机关首批贯彻少捕慎诉慎押刑事司法政策典型案例"解读 [J]. 人民检察，2021 (15).

慎诉慎押被确定为刑事司法政策。根据最高人民检察院工作报告，我国的审前、诉前羁押率 20 余年来大幅下降，审前羁押率从 2000 年占 96.8% 到 2019 年占 63.3%①降至 2020 年占 53%，诉前羁押从 2018 年 54.9% 降至 2021 年 42.7% 再降至 2022 年 26.7%，为有司法统计以来最低；不捕率从 2018 年 22.1% 升至 2022 年 43.4%，不诉率从 2018 年 7.7% 升至 2022 年 26.3%，均为有司法统计以来最高。② 检察机关和公安机关贯彻少捕慎诉慎押刑事政策取得了重大成效。但是也要考虑到，以上飞跃式的进步与以下因素有关：一是 2019 年至今认罪认罚案件从 85% 升至 90% 以上；二是考虑到疫情对公安机关（包括看守所）、检察机关、法院、监狱的全面影响。

　　值得注意的是，检察机关所统计的审前羁押、诉前羁押是指公安机关等侦查机关提请检察机关批准逮捕之后予以关押剥夺自由，并不包括公安机关等侦查机关在逮捕之前可自行决定的长达 37 天的拘留及长达 24 小时的拘传。《中华人民共和国治安管理处罚法》（以下简称《治安管理处罚法》）第 16 条规定，有两种以上违反治安管理行为，行政拘留处罚合并执行的，最长不超过 20 日。这是剥夺自由的实质性惩罚，但《刑事诉讼法》奉行无罪推定，拘留 37 天属于未审先罚，需要非常慎重，主要出于以下考虑。

---

　　① 苗生明，纪丙学. 贯彻宽严相济 依法充分准确适用少捕慎诉慎押刑事司法政策——"检察机关首批贯彻少捕慎诉慎押刑事司法政策典型案例"解读 [J]. 人民检察，2021（15）. 2019 年的审前羁押率数据来自此文，其他年份的数据来自最高人民检察院工作报告。

　　② 2022 年 1 至 6 月全国检察机关主要办案数据 [N]. 检察日报，2022-7-22.

其一，拘留对于个人而言是实质性的惩罚，是对个人生活的摧毁，往往会对嫌疑人造成无法弥补的实质性损害。对于无辜者或者不应羁押的人身危险性小的非暴力犯罪嫌疑人予以长期拘留，会摧毁其本人和家庭生活，造成身心健康、就业、收入、亲密关系上的重大损害，嫌疑人经营企业的也会影响其企业的正常运转。例如，24 小时以内的拘传，不会给嫌疑人造成实质性影响，但超长达 3 天、7 天、15 天甚至 37 天的拘留，会造成有工作的嫌疑人因旷工而失业，工薪族无法偿还贷款，需要照护的家人无人照料等。嫌疑人不仅承受了不应有的惩罚，而且有可能为了取保候审以获得暂时的自由而虚假认罪。这使嫌疑人的认罪丧失了自愿性，减轻了控方证明责任，降低了控方证明标准，违反了无罪推定，容易造成对不符合起诉条件的案件滥用认罪认罚，影响检察机关诉权的公正行使，所造成的司法不公对司法公信力的影响是不可估量的。

其二，对侦查、检察机关而言，24 小时以上拘留的无辜者案件、证据不足案件会产生国家赔偿责任及司法责任，责任过于重大，办案机关中无人能够，也无人愿意承担责任，会陷入骑虎难下的境地。为了避免国家赔偿、避免司法责任，实践中有的检察机关对被迫认罪的无辜者案件、证据不足案件作出相对不起诉决定，甚至继续追诉。

其三，对法院而言，长期审前拘留或逮捕有影响人民法院独立行使审判权的风险。面对不应诉而诉的案件，法院除了劝检察院撤诉外，对于坚持不撤诉的案件，由于涉及各部门利益，法院很难判无罪；面对那些可判处缓刑的嫌疑人，法院定罪后本不应剥夺自由，因已对其予以审前羁押，造成罪刑不适应；

面对应判处轻刑的嫌疑人，因长期羁押造成押多久法院只能判更久①，与罪刑相适应的刑事法基本原则相悖。

其四，对于社会而言，大量不必要的长期羁押占用了有限的司法人员和经费，错误的羁押导致被羁押人处于困境，损害了本应正常生活的被羁押社会成员及其社会关系。

此外，对于司法公正、司法公信力而言，长期羁押的被迫认罪案件无论追责与否、定罪与否，司法公信力都会受到影响，司法公正都会受到损害。

二、对财产的不当和不必要强制性措施影响公正司法

对嫌疑人的企业予以查封扣押冻结数日即可能导致企业违约、经营困难甚至关停等严重后果。这是对嫌疑人的实质性损害。嫌疑人出于对声誉、生活、工作、生产经营被摧毁的生存焦虑与恐惧，为了回归正常生活、减少损失，当侦查、检察机关以不认罪就不取保候审、认罪可取保轻判为条件要求其认罪时，嫌疑人在律师辩护不足、指控证据不足的情况下被迫认罪，从而获得取保或者相对不起诉，影响检察机关不起诉权的公正行使。

依据《刑事诉讼法》第 141 条、第 142 条、第 144 条、第 145 条的规定，查封扣押冻结的范围是：一是侦查活动中发现的可用以证明嫌疑人有罪或者无罪的各种财物应当查封扣押；二是公安机关根据侦查犯罪的需要，可以依照规定查询、冻结嫌疑人的存款、汇款、债券、股票、基金份额等财产。禁止查封

---

① 吴丹红. 刑罚的"实报实销"[J]. 人民检察，2009 (13).

扣押冻结的财产范围是"与案件无关的"财物、存款、汇款、债权、股票、基金份额等财产，已查封扣押冻结的财产经查明确实与案件无关的，应当在三日以内解除，予以退还。依据《公安机关办理刑事案件程序规定》，财产的范围还有土地、房屋等不动产，或者船舶、航空器以及其他不宜移动的大型机器、设备等特定动产，文物、贵金属、珠宝、字画等贵重财物，证券交易结算资金、期货保证金等资金以及股权、保单权益和其他投资权益、其他证券等财产。《刑事诉讼法》第177条第3款规定，人民检察院决定不起诉的案件，应当同时对侦查中查封、扣押、冻结的财物解除查封、扣押、冻结。对被不起诉人需要给予行政处罚、处分或者需要没收其违法所得的，人民检察院应当提出检察意见，移送有关主管机关处理。有关主管机关应当将处理结果及时通知人民检察院。2019年《人民检察院刑事诉讼规则》第372条第2款第（五）项规定，人民检察院的不起诉决定书的主要内容应当包括查封、扣押、冻结的涉案财物的处理情况。2015年中共中央办公厅、国务院办公厅印发《关于进一步规范刑事诉讼涉案财物处置工作的意见》第2条第3款规定，人民检察院决定不起诉的，"涉案财物除依法另行处理外，应当解除查封、扣押、冻结措施，需要返还当事人的应当及时返还"。第7条规定："完善涉案财物先行处置程序。对易损毁、灭失、变质等不宜长期保存的物品，易贬值的汽车、船艇等物品，或者市场价格波动大的债券、股票、基金份额等财产，有效期将届满的汇票、本票、支票等，经权利人同意或者申请，并经县级以上公安机关、国家安全机关、人民检察院或者人民法院主要负责人批准，可以依法出售、变现或者先行变

卖、拍卖。所得款项统一存入各单位唯一合规账户。" 2019 年
《人民检察院刑事诉讼规则》第 251 条规定，处理查封、扣押、
冻结的涉案财物，应当由检察长决定。依据《刑事诉讼法》第
162 条、第 176 条的规定，侦查终结案件，连同案卷材料、证据
一并移送同级人民检察院；人民检察院向人民法院提起公诉，
应将案卷材料、证据移送人民法院。可见，属于证据的财物随
案移送，而其他财产则无此规定，实务中多由查扣冻单位管理、
处置、处理。

笔者认为，从以上规定看，一是查封扣押冻结财产的范围
过于广泛且具有任意性，物证必查扣；侦查犯罪需要查扣冻的
财产范围由侦查机关自行确定。二是采取措施和保管部门对查
扣冻财产的妥善管理义务不明确，管理不善导致财产大幅贬值
的风险承担有待分配。

多项研究表明，采取措施之后的涉案财物管理不规范[①]也会
给涉案单位造成不可估量、无法弥补的损害，后果非常严重。
一是对正在经营运转的单位一旦查扣冻，会导致涉案单位关停、
无法正常经营、对合同对方承担巨额赔偿义务等，造成巨大损
失，这种损失可能无法估量及弥补。二是涉案财物管理的相关
规范未获得充分尊重和执行，存在谁查扣就归谁处置、低价处

---

① 我国关于涉案财物管理处置的研究有很多，指出了涉案财物管理实践中存
在的诸多问题。例如：方柏兴. 刑事涉案财物的先行处置 [J]. 国家检察官学院学
报，2018（3）；温小洁. 我国刑事涉案财物处理之完善——以公民财产权保障为视
角 [J]. 法律适用，2017（13）；葛琳. 刑事涉案财物管理制度改革 [J]. 国家检
察官学院学报，2016（6）；程建. 刑事诉讼涉案财物集中管理的实证调研和制度构
想 [J]. 上海政法学院学报（法治论丛），2013（2）.

置谋取私利等截留挪用非法处置现象。①

对于最后一种行为，执法司法单位和相关人员可能需要承担司法责任及其他法律责任。对于管理不善造成损失的现象，在国际刑事司法中也存在相应的案例和讨论。例如，本巴（Bemba）在国际刑事法院的刑事案件自 2008 至 2018 年历经十年，期间法院请求其资产所在国比利时、葡萄牙、刚果等国合作，对其资产予以冻结。2018 年本巴被判无罪后，认为国际刑事法院应妥善管理被冻结的资产以避免价值下降，诉请国际刑事法院赔偿因疏忽管理被冻资产导致贬值给其造成的损失 4240 万欧元。各国为履行国际刑事法院的冻结资产义务均有相关措施。其一，第三方接管。如英国高等法院有权任命第三方接管人来管理被冻资产以免贬值，澳大利亚、新西兰、肯尼亚等国亦同。其二，有的资产需及时处理或出售。如荷兰建立"中央登记系统"，当成本超过资产价值时可以迅速采取行动，采取"积极的战略出售资产"，如易腐烂的货物、"快速贬值"的资产、维护或储存成本与其价值不成比例的财产，以及不具备管理所需的专业知识的资产。据此，荷兰有关部门将被冻动产资产的管理成本从每年 2300 万欧元降低到每年 900 万欧元。本巴案的波音 727 喷气式飞机以及车辆，似乎都属于"迅速贬值"的资产类别。尤其是其在葡萄牙法鲁机场停机所产生的成本，只有很短的时间窗口内，飞机的存储成本才与其预期价值成正比。其他资产还包括活体动

---

① 王巍. 黄金被扣 18 年 5 人获千万国家赔偿 [N]. 新京报，2017-8-9. 该案没有犯罪事实发生，对嫌疑人解除取保候审后也未移送审查起诉，公安机关对查扣的黄金以"罚没"的名义违法变卖，拒绝返还和赔偿，导致企业关停。

物（如赛马）、食品、燃料、建筑材料和有害物质。①

第四节　诉讼结构失衡

我国《宪法》和《刑事诉讼法》规定了公检法三机关分工负责、相互配合、相互制约的原则，对于不符合起诉条件的公安机关侦查终结案件，检察机关不得起诉，法院也不得判决有罪，以三机关对刑事司法权的分工和诉讼流程形成制约；同时侦诉关系、控审关系中包含了配合因素。在理念层面，有罪推定、片面强调打击犯罪等旧诉讼理念仍有一定市场。"传统的'重实体、轻程序''重追诉犯罪、轻保障人权'的诉讼理念一直存在于司法实践活动中。这影响了检察机关对不起诉权的认识，使得办案人员往往将不起诉同放纵犯罪联系在一起，而将起诉同打击犯罪联系起来。"理念决定了实践。曾经"我国实践中不起诉案件十分少、不起诉率较低，反过来说，实际上就是检察机关的起诉率过高，片面追诉的倾向过于明显，而这与检察机关对不起诉权的认识和重视程度不高有着密切关系"。② 检察人员在一定程度上仍然存在"重入罪轻出罪""可诉可不诉以诉为原则""可轻可重的以重为原则"的陈旧办案思维，导致不

---

① BIRKETT D J. Managing Frozen Assets at the International Criminal Court：The Fallout of the Bemba Acquittal ［J］. Journal of International Criminal Justice，2020，18（3）：765-790.

② 陈卫东. 检察机关适用不起诉权的问题与对策研究 ［J］. 中国刑事法杂志，2019（4）.

起诉适用范围的不当限缩,① 对本应不起诉的案件予以起诉。受追诉倾向影响,在实践中形成了重配合、轻制约的局面,对错误追诉的司法制约还需加强。

习近平总书记强调指出:"全面依法治国最广泛、最深厚的基础是人民,必须坚持为了人民、依靠人民。""推进全面依法治国,根本目的是依法保障人民权益。"② 不起诉权的合理适用有赖于诉讼理念和权力与权利观念的转变。检方诉权存在于控审分离、控辩对抗格局中,这应是稳定平衡的动态三方结构。厘清不起诉权运行中的侦诉关系、捕诉关系、控审关系、控辩关系对回应不起诉的职权与职能制约问题、程序建构问题、诉讼权利保障问题必将有所裨益。

一、侦诉关系

侦诉关系指侦查权、起诉权的诉讼职能关系及权力主体的组织隶属关系。现有法治国家的侦诉构造主要分为两种:一是侦诉混合模式,以英美法系国家为代表。检察机关不领导警方侦查,但可以向警方提供建议。美国检察官可以与警察合作进行侦查,检察官也有权自行调查取证或者使用大陪审团调查取证。美国独立检察官或特别检察官既侦查又起诉。英国根据1987 年《刑事司法法》于 1988 年设立的重大复杂诈骗案办公室是办理重大诈骗、贿赂、腐败犯罪侦查起诉的专门检察机关,其内设侦查人员与控方律师在侦查起诉全过程中通力合作。二

---

① 邓根保. 依法规范行使不起诉权的探索实践 [J]. 中国检察官, 2019 (6).
② 习近平. 坚定不移走中国特色社会主义法治道路 为全面建设社会主义现代化国家提供有力法治保障 [J]. 求是, 2021 (5).

是侦诉一体化模式，我国台湾地区、德国、法国即为此种模式的典型，检察机关领导警方侦查。我国实行侦诉混合模式，在一般公诉案件中侦诉分离。但是，其一，在审查起诉中需要补充侦查的，检察机关可以自行补充侦查；其二，在自侦案件中，侦诉职能统属检察机关。处理好侦诉关系是优化司法权力配置的要求，侦诉关系影响着审前程序的健康运行，关系着案件处理质量，无论是哪个国家哪种侦诉构造，都面临着处理侦诉关系的挑战。

我国处理侦诉关系应谨记习近平总书记关于"推进全面依法治国，根本目的是依法保障人民权益"的重要指示，在刑事诉讼法"分工负责、互相配合、互相制约"原则指导下良性互动，形成侦查服务起诉、起诉引导侦查的协同机制，依法行使不起诉权，保障嫌疑人的权利。摒弃侦查中心主义固化思维的影响，根除司法实践中侦查主导起诉的异化样态，克服检察机关办理案件过程中不自觉地认为当前对案件的审查工作仅是对前序侦查工作的确认，避免惯性简化对案件证据的审查流程，宽松把控对案件的追诉证明标准，形成起诉受制于侦查、法律监督职能与追诉犯罪职能失衡的尴尬局面。

当前亟须解决的问题有侦查质量和侦查监督等。其一，"每念狱情之失，多起于发端之差"。[1] 侦查质量直接决定了对案件的后续办理质量。我国侦查机关享有对案件的侦查权，如何收集证据、收集哪些证据、证据的固定和保全等全凭侦查机关按自己的意愿进行。至于是否符合起诉的要求和能否有效地支持

---

[1]　宋慈：《洗冤集录序》。

公诉,则不予顾及或很少过问。① 取证不合规、刑讯逼供、重复取证、遗漏证据等情形时有发生,侦查阶段的办案质量仍有待提高。虽然检察机关对侦查活动享有侦查监督权,但是由于缺乏具体惩戒措施,刚性约束力不足,侦查监督权可能成为被"束之高阁"的空置权力,难以形成有效制约。"追诉犯罪"是侦诉机关共同的天然动力,加上胜诉率、结案率的考核压力、侦诉机关长期关系、办案人员人情往来、被害人不断施加心理压力等因素影响,检察机关往往不自觉认同侦查机关移送的有罪证据。即便存在大量不符合公诉标准的案件,检察机关也在尽量避免适用、不愿意适用不起诉制度。② 在审查起诉过程中发现错误侦查行为也可能会选择视而不见或者帮忙掩饰,竭力维护侦查成果,侦诉两便形成利益共同体。

其二,退回补充侦查是修补侦查质量的重要方式,但也为侦诉机关变相拖延办案期限、回避对案件作出罪处理造成了困难。一方面,侦查机关对于侦查期限届满但证据收集不足的案件,可能选择以事先与检方商量好的方式先行移送审查起诉,后再利用退回补充侦查的时间继续收集证据,以实现争取办案时间的目的。另一方面,检察机关对审查起诉环节发现的定罪证据不充分的案件理应作出不起诉的处理,但往往持"疑罪从有"的怀疑心态便可能选择将退回补充侦查作为逃避作出不起诉决定的选择。《刑事诉讼法》第 175 条第 4 款规定:"对于二次补充侦查的案件,人民检察院仍然认为证据不足,不符合起

---

① 陈兴良. 诉讼结构的重塑与司法体制的改革 [J]. 人民检察, 1999 (1).

② 郭烁. 检警关系视野下的不起诉制度 [J]. 苏州大学学报 (哲学社会科学版), 2019 (5).

诉条件的，应当作出不起诉的决定。"因此实务中，不少人认为退回补充侦查是作出证据不足不起诉决定的必要前提，但这样的认识明显是对法条的机械理解。二次补充侦查仅是不起诉决定的充分条件，而不是必要条件。正确的理解应该是，刑事诉讼法规定案件最多可以退回补充侦查二次，如果在二次退补后仍不能对案件进行定性，则必须作出存疑不起诉处理。① 事实上对于一些案发久远关键证据早已缺失的案件确无补充侦查必要，久拖不决既是对司法资源的浪费，也是对嫌疑人权利的忽视。

其三，"检察机关提前介入，起诉引导侦查"是新时期处理侦诉关系的新方案，而这样的尝试并不是新鲜事物。1979 年《刑事诉讼法》颁布后，为响应"严厉、精准打击犯罪"的政策号召及实践需要，一些地区探索出检察机关提前介入机制，即检察机关认为必要时，提前介入侦查程序，指导侦查机关现场勘验、讯问嫌疑人等证据收集工作，以及复杂、疑难案件的性质认定工作，既为侦查机关的调查取证提供专业性支持，又能全面了解案件以便作出准确的批捕决定及审查起诉决定。1988 年最高人民检察院、公安部印发《关于加强检察、公安机关相互联系的通知》，对检察机关在侦查阶段参与调查取证和介入预审活动的机制作出态度上的明确肯定和程序上的规范，提前介入侦查机制成为一项合作办案模式延续至今。《刑事诉讼法》第 87 条及《人民检察院刑事诉讼规则》第 256 条均对"提前介入、引导侦查"的方式予以规范层面的认可，经公安机关

---

① 谢文婷. 退回补充侦查不是存疑不起诉的必经程序 [N]. 检察日报，2021-7-12.

商请或者检察院认为确有必要时，可以派员适时介入重大、疑难、复杂案件的侦查活动，参加重大案件的讨论，对案件性质、收集证据、适用法律等提出意见，监督侦查活动是否合法。最高人民检察院在第一次侦查监督工作会议上提出"引导取证"的概念，要求检察机关"全面履行职责，加强配合，强化监督，引导取证"。① 侦查机关本身存在着法律专业性配置不足的窘境，如何跟上互联网、区块链、大数据等新事物发展对侦查机关刑事政策、法律熟悉程度、调查取证水平、案件定性能力的需要，是办案机关必须面对的时代挑战。另外，在行政执法机关移送涉罪企业案件过程中，不免出现因标准不一而造成的转换难问题，因此检察机关可同侦查机关、行政执法机关共同解决证据转换的疑难问题，以刑事追诉标准指导证据的收集与转换工作。由此可见，检察机关提前介入侦查是有着现实必要性的考量。

总之，实践中微妙的侦诉关系、检警关系制约了不起诉的适用。"不起诉权具有对侦查的纠错功能。在审查起诉过程中，检察机关对不构成犯罪或不需要判处刑罚的犯罪嫌疑人作出不起诉决定，可以有效抑制侦查阶段萌发的冤错案件在检察环节的发展。"② 但是，有研究指出，不起诉的潜台词是对侦查活动的质疑乃至否定，可能影响公安机关及人员业绩，检察机关不愿得罪公安机关，许多地方检察院的起诉率常年接近100%，有

---

① 陈卫东. 论检察机关的犯罪指控体系——以侦查指引制度为视角的分析 [J]. 政治与法律，2020（1）.
② 童建明. 敢用善用不起诉权 提升不起诉权司法适用水平 [J]. 人民检察，2019（10）.

检察官直言"脑子里就没有不起诉这一说"。对于不符合起诉条件的案件，一是退回公安机关交由其自行处理；二是检察院起诉后再撤诉甚至与法官协商等。①

二、捕诉关系

2019 年最高人民检察院《人民检察院刑事诉讼规则》第 8 条规定，对同一刑事案件的审查逮捕、审查起诉、出庭支持公诉和立案监督、侦查监督、审判监督等工作，由同一检察官或者检察官办案组负责。捕诉监合一的办案模式被正式确立下来。在国家机构改革的背景下，检察机关也顺应大趋势进行了内部的部门合并与职能调整，在将批捕部门与公诉部门合并后，设置了专门化的案件承办部门，如未成年人案件检察部、金融案件检察部、职务犯罪案件检察部等，当案件进入审查批捕或者审查起诉阶段时，根据案件类型选择专业化的部门负责。捕诉分离与捕诉合一的不同，不仅是负责审查批准逮捕与负责审查起诉的两部门的简单分离或者混合，而是在检察机关内部机构改革的背景下办案模式的转变，即从根据诉讼职能与诉讼阶段的差异设置机构实行分段办案的模式向根据案件的不同类型设置特定办案部门的专业化模式的转变。捕诉合一并不单指部门合一，也包括权力合一与主体合一，将某一案件中负责批捕与提起公诉的权力交由同一检察官或者办案组负责。这同时也意味着对检察院批捕与审查起诉工作由传统分散的点状监督向现

---

① 郭烁. 检警关系视野下的不起诉制度 [J]. 苏州大学学报（哲学社会科学版），2019（5）.

在整体化的线性监督的转变。

自捕诉一体化模式推行以来，实务界与理论界关于捕诉合一机制有很多讨论，职能混同和角色冲突仍然存在，"构罪即捕、捕后即诉"的现象仍有待进一步改变。

逮捕作为最严厉的强制措施，因其能够剥夺嫌疑人人身自由，具备方便侦查机关取供、取证、破案的属性，往往容易被不加节制地使用。严格做好逮捕必要性审查是保障嫌疑人的合法权益，实现司法公平正义的重大举措，也是严格贯彻与落实我国宪法所规定的尊重与保障人权精神的具体体现。如何在捕诉合一的办案模式下，在办案效率提高的同时减少不合理逮捕的可能性值得探讨。

要谨防以下错误认识和做法。一是"构罪即捕"思维定式。二是逮捕的必要性审查流于形式，未审先罚使嫌疑人的权益保障难以落实。三是检察机关为延续逮捕的正当性，会倾向于作出起诉处理，即便是对存在证据疑点的案件也宁愿冒风险起诉，选择起诉为逮捕背书，竭力维护逮捕结论，也不甘作出不起诉的决定。四是公安机关在侦查过程中很有可能擅自扩大强制性侦查措施、特殊性侦查等不符合刑事诉讼法规定、侵犯嫌疑人合法权利的侦查手段，甚至出现刑讯逼供、滥用指定居所监视居住等违法行为。因此，在逮捕标准提高的背景下，应进一步规范公安机关取证行为，以防侵犯嫌疑人合法权利。

在我国，检察机关是国家公诉机关，肩负审查起诉的职责，同时还是我国的法律监督机关，具有监督侦查行为合法性的职能。尽管其支持公诉时意味着站在了嫌疑人方的对立面，但其行使起诉裁量权和批捕权时应是客观中立的角色，不应带有

"构罪即捕""捕后即诉"的偏见。若检察官不能正确认识逮捕与起诉的关系，将其统一化看待，那么将逮捕权与起诉权均交给同一检察官或者办案组负责，检察官审查是否批准逮捕时的中立性该如何保证？检察官的中立地位被削弱是很多学者不支持捕诉合一这种办案模式的重要原因。德国法学家拉德布鲁赫认为："行政是国家利益的代表，司法则是权利庇护者。"① 逮捕剥夺嫌疑人的自由，批捕权具有司法权的性质，起诉则代表国家利益追诉犯罪，具有行政权的性质。

在捕诉合一办案模式下，检察官同时担负着批捕者、追诉者、监督者的三重角色，承担着批捕权、起诉权、监督权的三重职能。在人少案多、司法资源紧张的背景下，办案责任终身负责制和错案责任倒查问责制的实行既是检察官严格办案的警钟，也有可能成为检察官隐藏错案不敢自纠的压力。检察官角色多样和职能混同，尤其在司法责任制改革的背景下，负责审查起诉的检察官是否有勇气纠正自己在批捕阶段的办案失误，敢于作出不起诉的决定，兼顾司法职能、控诉职能与监督职能的平衡，如何让监督者敢于自我监督以及如何有效自我监督是捕诉合一的办案模式下必须考虑的重大难题。

三、控辩关系

审查起诉阶段是建构良性控辩关系，实现控辩有效互动的关键环节。伴随着恢复性司法理念的兴起，传统的控辩对抗模

---

① 拉德布鲁赫. 法学导论［M］. 米健，朱林，等，译. 北京：中国大百科全书出版社，1997：100.

式被有人错误地认为大势已去。尤其是 2018 年《刑事诉讼法》正式确立认罪认罚从宽制度，为建立控辩平等的对话沟通机制提供了充分的制度支撑和实践空间。但在现有司法实践视域下，"协商"似乎并不全是控辩双向互动交流，更多是公诉方的强势要求，正当的"讨价还价"的认罪从宽实有异化为强势命令的风险，削弱了不起诉制度的适用空间。控辩双方的权力/利配置存在明显差异，控方掌握程序主导权与辩方权利供给不足造成控辩力量明显失衡。

认罪认罚从宽制度的运行以检察机关主导适用为基本特征，检察机关作为控辩协商的主导者表现如下。其一，控方拥有立法明文赋予的公诉权及行政化体制带来的权力优势，相较于辩方的"单打独斗"，控方不但具有充足的人财物保障，而且享有广泛的监督权，包括但不限于有权对审判程序和裁判提出检察建议、抗诉，有权立案侦查审判人员相关职务犯罪案件，有权起诉涉嫌伪证罪的律师辩护人等。其二，控方掌握着程序启动权，定罪认罪和量刑协商是认罪认罚案件的核心话题，协商的启动仅属公诉方职权范畴内的行为。其三，控方拥有配套的权力作出强制性的处置措施，如强制措施决定权，掌握着处置被追诉人人身自由、财产的绝对权力，易给被追诉人形成心理压力，影响认罪的自愿性。

在控方已占强势主导地位的情况下，辩方权利供给不足使得控辩协商的平等性、有效性难以实现。在侦查阶段并没有关于辩护律师阅卷的明文规定，缺乏对控方证据的把握，辩护律师即便自始参与刑事诉讼程序，在审查起诉阶段前，仅靠嫌疑人的描述和难以落地的调查取证权，对控方的证据无法形成全貌的了解，也无法据以开展辩护。案件初入审查起诉阶段，控辩双方存在明显的"信息不对称"，且会见权可能会以办案时间紧张、办案场地有限为由被压缩，导致辩方很难实现有效作为。实践中甚至有律师说服坚称无罪的犯罪嫌疑人"认罪认罚"，罔顾证据充分性、程序合法性及律师职业道德。从认罪后的量刑协商环节来看，辩方实质上并无平等协商权。现有法律虽确有规定检察机关在确定量刑建议时应听取律师意见，但听取时间、听取方式、律师意见的约束力完全由控方自主决定，因此实践中辩方很难有效参与到量刑协商的过程中。

另外，部分嫌疑人在选择认罪认罚后可能不再花钱聘请专业律师的帮助，那么值班律师便成为这种案件中的补充选项。实际上值班律师为嫌疑人、被告人提供的法律帮助十分有限，值班律师充分发挥作用的前提是其权利明确具体。在审查起诉阶段值班律师可以协助嫌疑人与控方协商，尤其是就量刑意见发表意见。当值班律师享有充分的权利，掌握充足的信息，才能够在这一环节与控方平等协商，从而保障犯罪嫌疑人的权益。但是目前值班律师享有的权利非常有限：《刑事诉讼法》第 36 条第 2 款仅规定了犯罪嫌疑人、被告人有权约见值班律师，对值班律师的主动会见并没有规定。2020 年 8 月"两高三部"出台的《法律援助值班律师工作办法》第 6 条第 3 款规定值班律师办理案件时也可以经办案机关允许主动会见。在此之前，值班律师只享有被动会见权，会见权是保障值班律师充分与犯罪嫌疑人交流，了解案件详细情况，保障嫌疑人人身权、财产权和其他权利的一项重要诉讼权利。通过双方会见面对面交流，犯罪嫌疑人能够更好地对认罪认罚相关事实和程序作出选择，增强自愿性。但值班律师是轮流值班制，不能保障被告人每一次见到的值班律师都是同一个人。另外值班律师不享有调查取证权等辩护律师享有的权利，这意味着值班律师对案件事实、证据、相关量刑情节的掌握很大可能是不全面的。值班律师与控方掌握的证据材料和案件信息明显不对等，难以在控辩双方协商环节为其争取最大化的利益。在嫌疑人、被告人签署认罪认罚具结书时，值班律师应当在场。目前法律并没有明确规定值班律师在场是否享有异议权，以及检察机关对待值班律师异议应作出何种处理，这使得值班律师的在场权只有形式上的作用，无法有效参与到审查起诉阶段，难以发挥有效作用，这无法保障嫌疑人认罪的自愿性。值班律师能否充分发挥作用关系着在认罪认罚案件中被追诉方能否得到有效辩护，关系着程序公正和实体公正的实现。但在实践运行中部分值班律师偏离保证基本辩护质量的初衷，成为签署认罪认罚具结书的见证者和认罪认罚程序合法性的背书者，在本质上成为证明认罪认罚自愿性的控方证人而非嫌疑人的法律帮助人。

　　在认罪认罚从宽案件中，嫌疑人权利保障的配套措施有待完善，加剧了控辩双方协商的不平等性。我国嫌疑人、被告人的沉默权缺失。《刑事诉讼法》第 12 条确定了人民法院专属定罪权，但仍需进一步明确无罪推定的原则。第 52 条规定不得强迫任何人证实自己有罪，但第 120 条规定了嫌疑人、被告人有如实回答侦查人员讯问的义务。同时我国侦查实务部门曾一度倡导"坦白从宽，抗拒从严"的讯问技巧，这对被追诉方来说是一种无形的心理强制压力。在刑事追诉活动中，嫌疑人、被告人在很大程度上处于不利地位，其与公诉机关是对立方，而公诉机关在证据收集、人力物力资源等方面都具有明显优势。沉默权的缺失意味着剥夺被追诉方消极的辩护权，使其无法以沉默对抗公权力机关。自证其罪使嫌疑人反对自己，侵犯了其作为人的人格尊严。另外，嫌疑人、被告人的知情权缺乏保障，① 告知嫌疑人诉讼权利、实体权利、涉嫌罪名罪行、证据材料是保障知情权的关键，也是保障被告人认罪认罚自愿性和明知性的前提。嫌疑人、被告人享有的诉讼权利、认罪认罚后可能产生的法律后果以及相关法律事项，在庭审前公检法机关有义务提前告知。但在实践中存在公权力机关履行告知义务形式化，仅告知其程序性的事实，不对与案件有关的具体内容作解释，甚至不作任何解释就直接让被告人签署认罪认罚从宽制度告知书或认罪认罚具结书。尽管打印版告知书中的内容十分详细具体，但法律外行不懂其中真意，嫌疑人签署后就被作为其自愿认罪认罚的证据，这样形式化的流程既不足以保障也不足以证明嫌疑人认罪自愿性。

　　我国侦查机关、检察机关追诉犯罪的天然共同动力往往造成实践中的"配合过多、制约不足"，侦查环节的封闭性，讯问环节律师在场权和犯罪嫌疑人沉默权的缺位，加上拘留逮捕的震慑，使得被追诉方在诉讼过程中处于弱势地位。尽管时任最高人民检察院检察长张军指出"要进一步降低逮捕率、审前羁押率。能不捕的不捕，能不羁押的不羁押，就能有效减少社会

---

　　① 北京市朝阳区人民检察院课题组. 刑事速裁程序的实践解读与理性思考[J]. 中国检察官，2018（23）.

对立面"的宏观方向，① 但包括拘留在内的羁押率仍维持在偏高水平，尤其是在捕诉合一的办案模式下，辩护人的辩护空间与辩护时间被压缩，控辩双方明显不对等的局面加剧，使得嫌疑人方的辩护效果不理想。首先，负责批捕的检察官与负责审查起诉的检察官一体化，检察官在批捕阶段形成先入为主的印象，很难在审查起诉阶段改变先前的决定。这就一定程度上压缩了辩护人在审查起诉阶段的辩护空间。其次，在捕诉分离的模式下，辩护人的说服对象有两个，即负责批捕的检察官和负责审查起诉的检察官，两者的办案角度、办案理念必然不完全相同，对案件的认识与判断存在一定的差异，只要能够说服两者中的任意一人，案件都存在转机。然而捕诉合一模式下，一旦未成功说服负责批捕的检察官，除非有新的事实或者证据，否则很难以类似的辩护理由说服负责审查起诉的检察官不起诉或者作出其他对案件有利的处理，这样就明显减少了辩护人辩护成功的概率。封闭式羁押环境带来的高度压迫性极易让被追诉人形成对诉讼程序的恐惧心理，加剧其迫于压力违心认罪的可能。如何避免在认罪认罚从宽制度高适用率下的非自愿认罪，如何避免检察机关为了追求认罪认罚适用率、高效率和结案率而无视被追诉人权利，如何避免认罪认罚从宽制度扩张侵蚀不起诉制度审前分流功能是巨大的挑战。

在强大的追诉犯罪力量面前，辩护律师作用的发挥受到了限制。控辩协商中平等机制的缺失导致嫌疑人不配合、不合作

---

① 张军. 降低审前羁押率 扩大非羁押手段适用势在必行 [N]. 新京报，2020-1-18.

可能招致程序上、实体上更大的麻烦，协商趋同于被追诉方放弃防御。回归到不起诉适用的困境审视中，由于控辩力量的明显失衡，检察机关面对一些存在起诉不确定性案件时，因欠缺辩方力量制约，更容易忽略证据要求和人权保障精神，倾向于诉讼效率、办案指标、打击犯罪的考量而回避作出不起诉的决定。

四、控审关系

近年来，扩大不起诉裁量权的呼声越来越大，伴随着不起诉权扩张干扰法院审判权的争议。在审判程序前对案件作出的出罪处理是否是对法院唯一定罪权的侵犯？这是不起诉裁量权扩张过程中难免要面临的质疑，也是必须直面回答的问题。必须明确的是，我国现有的不起诉裁量权所形成的法律效果仅是从程序上终结诉讼，并未对案件产生实质定罪的效力。这不同于 1979 年《刑事诉讼法》所规定的免予起诉制度，即对依照刑法规定不需要判处刑罚或者免除刑罚的，人民检察院可以免予起诉。实际上，这里的免予起诉是赋予检察机关对符合条件的嫌疑人不再向法院提起公诉而直接根据实体法的规定定罪的权力①，产生的是实体上的处理结果，明显超越检察机关公诉权的范畴，这与现行刑事诉讼法语境下的不起诉权有着本质的差异。因此 1996 年《刑事诉讼法》基于免予起诉侵犯审判权的考量废除了这一制度，这也表明我国对控审分离诉讼模式的追求。

从现有的立法精神来看，不告不理、控审分离是现代刑事

---

① 胡康生. 精心顶层设计是 1979 年刑诉法、刑法修改的显著亮点——立法人胡康生访谈［N］. 法治周末报，2020-12-4.

诉讼程序运行的基本规律。为防止权力滥用，国家在设置某一权力时往往选择通过另一项权力对其制约，以实现权力制衡、保障人权的目的。我国《刑事诉讼法》确立"分工负责、互相配合、互相制约"的刑事诉讼原则，禁止刑事审判程序启动的任意性便是公诉权对审判权制约的体现。尽管不起诉裁量权的扩张确实一定程度上过滤掉一些能够进入审判程序的案件，看似限缩了法院的审判权；但实际上，不起诉裁量权作为公诉权的重要组成部分，本身代表着消极意义上的"不告"。审判权的行使以公诉权的行使为前提，对于检察机关作出的不起诉案件，法院本就无审判的正当性和可能性，因此不存在所谓的不起诉权的扩张影响审判权之说。也就是说，不起诉裁量是检察机关以刑事诉讼法为据对案件是否有起诉必要性作出的独立判断，与对一个案件作出的无罪处理尽管在最终结果上可能存在相似性，但两者分属于两种独立的评价体系，并无越界关系。

综上，可对开头提出的问题作一个直面回应：不起诉裁量权扩张确无侵犯审判权之嫌。接下来有必要对不起诉适用中的控审关系进一步探析。《刑事诉讼法》第 186 条规定："人民法院对提起公诉的案件进行审查后，对于起诉书中有明确的指控犯罪事实的，应当决定开庭审判。"为了防止法官先入为主，庭前书面审，庭审"走过场"，我国没有建立实质性的诉前审查程序。当前非实质化的审查方式很难在审前阶段发现检察机关冒险起诉案件中的事实不清、证据不足的现实问题，容易造成不符合起诉条件的案件流入审判程序，增加了开庭后发现追诉难以继续的尴尬局面。加上司法实践中的各机关客观上存在"配合有余、制约不足"的情况，法院对撤回起诉的审查形式化无形中降低了检察机关冒险起诉的成本，助长了滥诉可能。在司法实践中，检察机关对撤回起诉的文书命名为"撤回起诉决定书"而非"撤回起诉申请书"，这表明检察机关实际上将撤回起诉视为一种内部职权而非请求权。① 由此可见，在这样运行模式下的公诉权的扩张，不仅不当压缩不起诉权适用的合理空间，同时必然伴随着不当影响嫌疑人诉讼权利和实体权利的后果。这时冒险起诉后撤回起诉看似是合规的程序回转，实际上是起诉权不当扩张，检察机关试图以撤回起诉的方式对不符合起诉条件的案件作出补救处理，审判机关试图以此为检察机关规避无罪判决。就此而言，撤回起诉制度的适用异化与控审关系未形成良性制衡密不可分。

可见上文所述这种微妙的控审关系放任了错误的起诉。对于侦查人员、检察官不愿放弃追诉的证据不足的案件，长期羁押、错误起诉的司法责任和国家赔偿责任捆绑了侦查、检察个人和部门利益。目前，检察院起诉后，法庭拟宣告无罪的案件，依据《最高人民法院关于健全完善人民法院审判委员会工作机制的意见》第 8 条第 5 项，必须提交人民法院审判委员会（以下简称审委会）讨论决定；依据 2010 年最高人民法院、最高人民检察院印发《关于人民检察院检察长列席人民法院审判委员会会议的实施意见》第 3 条第 1 项，检察长可列席审委会，2018 年《人民检察院组织法》第 26 条规定检察长或其委托的副检察长可以列席同级法院审委会会议。实践中出现了检察长列

---

① 马若飞. 论我国撤回起诉制度的异化与矫正 [J]. 河南财经政法大学学报，2022（5）.

席审委会改变无罪判决的案例。① 如果法官坚持应判无罪，就与公安机关、检察院、监察委甚至法院领导发生个人冲突，检察院有对司法工作人员涉嫌利用职权实施的相关职务犯罪案件的立案侦查权，在实践中出现了法院作出无罪判决后，检察院直接抓法官的情况。② 这样的案件一旦发生，即使数量很少，也足以使法官群体、法院难以甚至不敢判无罪。所以在实践中，对不符合起诉条件的案件，有的检察官同法官协商后一诉到底，一错到底，通过审辩交易的方式结案。③ 法官办案时发现案件在事实认定、法律适用等方面存在疑难问题，通过对被告人"做工作"的方式，劝导、引诱甚至胁迫被告人认罪伏法，并承诺对其从轻处罚。④ 实践中，一些嫌疑人由于长期羁押、辩护不足或不懂法及绝望心理会认罪伏法，即使极少数侥幸申诉成功，警察、检察官、法官也很少受到处罚或者处罚很轻。例如，呼格吉勒图被错判并执行死刑案件，涉案 27 名公检法人员处分最重为党内严重警告、行政记大过。⑤ 从这个案例可以看出，滥用

---

① 高通. 论无罪判决及其消解程序——基于无罪判决率低的实证分析 [J]. 法制与社会发展，2013（4）.

② 陈学权. 证据不足时法院作无罪判决难所涉问题研究 [J]. 法律适用，2015（6）.

③ 郭烁. 检警关系视野下的不起诉制度 [J]. 苏州大学学报（哲学社会科学版），2019（5）.

④ 孙长永，王彪. 刑事诉讼中的"审辩交易"现象研究 [J]. 现代法学，2013（1）.

⑤ 刘懿德. 内蒙古公布呼格吉勒图案追责结果 [EB/OL]. 中国政府网，[2022-05-20]. http://www.gov.cn/xinwen/2016-02/01/content_5037895. 范依畴. 冤案追责虚化势必纵容错案复发——今日呼格案与昔日杨乃武案比较与反省 [J]. 法学，2016（9）.

权力侵犯群众合法权益、执法犯法造成冤假错案的法律责任和司法责任并不严重。这就可能造成检察机关审查起诉时，当公安机关不愿放弃追诉时，从其意愿予以起诉，而未能依据检察官法的要求客观中立地作出负责的决定。而法庭依据审委会的决定作出检察机关需要的有罪判决，而非冒着个人职业风险维护被告人权益坚持判无罪。

第五节　程序性监督有待完善

对不起诉的程序性监督包括内部和外部监督机制。检察机关内部建立了对不起诉的严格监督制约机制，以审批和绩效考核为两个基本点；外部监督机制来自受不起诉决定影响的部门、人员，以及来自基于司法民主的监督听证机制。

一、内部监督机制有待完善

检察院对不起诉案件实行内部审批的办案流程，在整个检察系统中，不起诉案件是实行绩效考核和评价业务水平的重要评价因素，是判断检察机关及检察官的绩效和业务能力的重要抓手。

在检察院内部工作机制方面，检察机关对不起诉案件要求检察官事前汇报、事中审批、事后倒查等，建立了控制不起诉的内部监督机制。一是控制不起诉率和不起诉案件数。这曾是不起诉制度落地实践历史上的一个重要标志，凸显出司法实务中对不起诉适用的谨慎态度。早在 2007 年最高人民检察院修订的《人民检察院办理不起诉案件质量标准（试行）》就取消了对普通刑事案件不起诉率的考核指标，打破了检察官充分行使不起诉裁量权的顾虑。但有的地方检察机关仍对不起诉案件数量进行控制或设立指标①，"高层严厉控制不起诉裁量妨碍了基层检察院的正常工作，导致许多案件没有办法处理，甚至人为造成某些败诉案件"。② 这造成不应诉的案件被错误起诉。二是检察机关内部对不起诉裁量权的制约体现在复杂、严格的审批过程上。对承办案件拟作出不起诉决定时一般要经过部门负责人、检察长、检察官联席会议、检察委员会层层审批，程序烦琐且耗时。一般流程为：承办检察官结合案卷事实证据，提出拟作不起诉决定的意见上交联席会议讨论，后将检察官联席会议结果上报主管副检察长或检察长决定。实践中，部分检察长为了分摊责任往往选择召开检察委员会以扩大责任承担主体，造成检委会审批成为必要环节。对不起诉案件"普遍设定了严格的审批程序"③，由检察长、分管检察长或者由检察长提交审委会决定。④ "严格执行办案流程。制定《不起诉工作标准化手册》，形成包含公开审查、不起诉决定、宣告送达以及复议复核申诉等 4 大块内容 26 项具体要求的操作规程，并配以直观简洁的工作流程图。不起诉案件由承办检察官提出实体审查处理意

---

① 张建伟. 不起诉权适用中的几个问题［J］. 人民检察，2019（10）.

② 杨娟，刘澍. 论我国刑事不起诉"三分法"的失败及重构［J］. 政治与法律，2012（1）. 2018 年的研究仍在强调这一问题，说明对不起诉的人为控制仍然存在。

③ 邓根保. 依法规范行使不起诉权的探索实践［J］. 中国检察官，2019（6）.

④ 陈卫东. 检察机关适用不起诉权的问题与对策研究［J］. 中国刑事法杂志，2019（4）.

见，每案均需经过检察官联席会议讨论，联席会议意见供参考。"① 检察官考虑到不起诉所需要进行的审批手续，会拖延检察官办案周期和时间，影响办案业绩②，这当然会影响检察官适用不起诉的积极性。对于一些案情复杂有争议的案件，检察机关也会选择召开不起诉听证会以确保充分体察民意。这样一来，不起诉决定的审批时限将会延长，这对办案资源紧张、办案期限有限的检察机关而言无疑也是一种损耗，实践中对于可诉可不诉争议的案件，办案人员倾向于选择一诉了之。三是事后倒查不起诉案件和司法责任的追究。例如，"2018 年 10 月，江苏省人民检察院统一推行了异地评查机制，将不起诉案件纳入必查范围，由案管大数据平台自动随机分配给异地检察院进行评查"。③对不起诉案件的司法责任追究制度的严密落实，对新时代检察官开展不起诉工作提出更高要求。及时发现、纠正冤假错案工作机制是《法治中国建设规划（2020—2025 年）》的重点要求，严肃错案追责问责是司法责任制改革的核心任务，做好新时代的错案追究工作是党和国家依法治国的重要议题之一。近年来，司法机关始终坚持实事求是、有错必究的方针指引，最高人民法院、最高人民检察院加强顶层设计，出台关于纠正冤假错案的系列规定，修改完善《刑事诉讼法》及司法解释，并进一步深化司法责任认定和追究，以及法官、检察官惩戒等一系列工作机制，健全错案的纠正、责任追究机制，严守公平与正义的最后一道防线。检察机关于不起诉案件有更多裁量空

---

①③　邓根保. 依法规范行使不起诉权的探索实践 [J]. 中国检察官，2019 (6).

②　陈卫东. 检察机关适用不起诉权的问题与对策研究 [J]. 中国刑事法杂志，2019（4）.

间，有徇私舞弊、权力寻租的可能，为防止滥用不起诉带来的人情、关系、金钱案，不起诉案件往往成为检察工作的重点化、常态化审查对象，而错案担责关系着涉案司法工作人员的任职调动、职业名誉，关系着当事人的切身利益及社会对司法公信力的期待，自然无形中增加了检察官办理不起诉案件的压力。在追责重压下，不起诉决定的作出如同办案人员眼中的"烫手山芋"，要格外谨慎以防追责可能。

在检察系统中，对各检察院依法行使不起诉权的考察是检察考核排名等机制的重要考察内容。例如，2021 年最高人民检察院《关于印发检察机关推进司法责任体系建设典型案例的通知》，其中甘肃省天水市检察机关推行办案瑕疵累计积分处置机制，压实检察办案监管责任，"因事实和证据原因形成捕后绝对不起诉、撤回起诉和无罪案件，记入检察官司法档案，作为年终评定绩效等次及启动退出员额机制的重要依据"。"建立倒追机制。对连续出现瑕疵累计积分达到一定标准的办案单位，取消评先选优资格，相关主要负责人要作出检讨，同一年度出现多件不合格案件的，对相关部门及基层院负责人进行约谈，对相关人员依规作出处理，自上而下传导压力，层层压实办案责任。"天津市人民检察院优化层级责任，构建基层院综合评价体系，"对能够直接评价审查逮捕、审查起诉案件质量的无罪判决数等 6 个刚性指标，只要发生即给予负向评价"。

除此之外，下级检察机关的不起诉决定还要受到上级检察机关的监督，实践中对于一些职务犯罪案件在检察机关内部走完审批流程后还要上报上一级检察机关，最后才能作出不起诉的决定。其实对检察官权力的制衡是以起诉权为核心的，因为起诉权乃检察官职业之本，也是其最易泛滥的部分，控制了起诉权就等于扼住了检察官权力滥用的咽喉和命脉。① 而当下我国对检察官个人行使不起诉权的控制严格，对检察院行使起诉权的控制体系相当宽松，主要是上下级之间的监督。我国是检察一体化国家，上级检察机关领导下级检察机关的业务工作，享有指导权和监督权，对起诉权的制约主要体现为下级机关向上级机关请示案件办理事宜，以发挥上级机关的决策指导作用，保障下级起诉活动依法进行。2015 年最高人民检察院印发的《人民检察院案件请示办理工作规定（试行）》对请示范围作出了严格限定，仅限法律适用、办案程序、司法政策方面的重大疑难案件，而不得就具体案件的事实认定问题请示。事实认定、证据采信裁量部分不纳入请示范围。但我国起诉裁量权滥用的重要一方面即为检察机关对于一些证据存疑案件逃避适用证据不足不起诉，加上请示汇报的主动权掌握在下级机关手中，很明显下级检察机关并不会主动汇报存在滥诉可能的案件，这样就难免使监督流于形式。这就使在起诉层面现有的控权机制很难起到有效制约滥诉的问题。

近年来，随着轻罪案件在刑事案件中占比明显提升，轻罪治理问题便提上日程，成为一项重大课题。少捕慎诉由刑事司法理念上升为指导司法实践的刑事司法政策。"慎诉"成为检察工作关键词，以释放最大司法善意，贯彻谦抑的司法理念。面对可诉可不诉的案件尽量不诉，检察机关应充分行使不起诉裁

---

① 宋远升. 检察官论［M］. 北京：法律出版社，2014：157.

量权，合理适用不起诉制度。① 然而案件进入审查起诉程序后，起诉是常态，而不起诉往往是例外。我国不起诉适用率整体水平偏低便是对此说法的最好佐证。充分运用不起诉裁量权，发挥案件审前的程序出罪功能，既是对犯罪嫌疑人权利的保障，也是对有限司法资源的珍惜。现有的不起诉审批程序过严与起诉程序宽松形成鲜明对比，为不起诉裁量的充分运用造成法律上的障碍和实践中的掣肘。

检察机关的上述内部监督制约机制，虽然有助于限制不起诉的滥用，但由于内部支持机制不足，缺乏有效的外部监督制约机制，实践中检察官考虑到侦查机关的反应，考虑到本部门对不起诉案件的控制，考虑到个人业绩和单位利益，严格依法适用不起诉可能会给自己和部门都带来各种麻烦，而少适用不起诉，掩饰错误的起诉决定，似乎更有助于消减职业风险，为个人和部门获得利益。可见，在实践中，在微妙的侦诉关系、控审关系和内部监督机制下，检察官客观中立地适用不起诉需要足够的支持、动力和保障机制，对错误起诉的司法制约有待加强。

二、外部控权机制有待完善

从刑事诉讼法的规定来看，不起诉的外部监督机制包括被害人申诉与自诉、侦查机关复议复核、听取律师意见，以及实践中陆续设置的人民监督员制度、公开审查听证会制度等。

---

① 卞建林. 慎诉的理论展开与制度完善 [J]. 法学，2022（10）.

（一）公安机关复议、复核救济

检察机关在审查起诉环节对侦查终结的案件进行审查并作出起诉或者不起诉的处理决定。通过上文所述的"侦诉关系""捕诉关系"可知，虽然侦查环节与审查起诉环节互相独立，但在案件处理结果上存在着共同利益关系，适用不起诉制度过滤掉已经侦查终结的案件便存在阻碍。尤其是在被追诉人已经被采取强制措施的情况下，为避免可能的错案追究，公安机关对"胜诉率"有更加执着的追求，可能会尽力干预检察机关行使不起诉裁量权，那么此时本是制约不起权滥用的复议、复核权变成了其正常适用的阻碍，有悖"以权力制约权力"的制度设计初衷。

（二）被害人权利救济

程序参与是程序公正实现的形式要件。对于权益可能会受到诉讼结局直接影响的主体，应当使其充分地参与裁判的制作过程，并对裁判结果发挥有效的影响。[①]检察机关在酌定不起诉、附条件不起诉制度的适用方面享有充分的裁量权，裁量产生的结果与被害人权利息息相关。《刑事诉讼法》第 173 条关于审查起诉的程序，规定了被害人在审查起诉程序中的参与方式是就事实、罪名、量刑和审理程序等向检察机关提出口头或者书面意见，检察机关应当听取被害人的意见，书面意见应附卷。

---

① 陈瑞华. 刑事诉讼的前沿问题［M］. 5 版. 北京：中国人民大学出版社，2016：170.

除此之外，被害人作为受刑事诉讼程序产生的结果直接影响的主体很难充分参与到检察机关不起诉裁量过程中。尽管附条件不起诉制度也有听取被害人意见的硬性规定，但缺乏必要的程序保障措施，难免沦为"纸上权利"。

《刑事诉讼法》第 180 条所规定的被害人不服不起诉决定的救济机制，可无差别适用于任一不起诉类型。其中法定不起诉的适用本身就属于检察机关无追诉权，是基于基本的法律规定对不需要追究刑事责任、停止追究刑事责任、无法追究刑事责任的嫌疑人作出的出罪处置。允许被害人针对法定不起诉采取权利救济有违法定不起诉的立法本意，再次将嫌疑人的合法权益置于不安定的状态，也会造成司法资源的浪费，此时被害人的救济除了是一种心理安慰外并无任何实质意义。

现行法所规定的被害人权利救济方式，除附条件不起诉中被害人只能向上一级检察院申诉外，其他不起诉案件中被害人还可向人民法院提起自诉。但这两种救济方式于实践操作均有一定的缺陷。首先，实践中一些不起诉案件在作出决定之前可能本身就已上报上级检察院，上级检察院一般不会选择撤销或变更原有不起诉决定。笔者在威科先行法律信息库检索检察文书，对北京市关于不起诉决定的刑事申诉复查决定书的结果作了粗略观察，发现已公开的文书中不管是被害人申诉或是被不起诉人申诉，原不起诉决定被变更的案件少之又少。这也是我国检察一体化模式下的应然结果。其次，被害人还可通过向人民法院提出自诉的方式救济权利。被害人复仇心理的实现必然要求国家对犯罪的追诉和被害人在国家公诉程序中的充分参与，在一定程度上，自诉程序是由被害人私力救济的方式。① 但此种救济方式于被害人而言仅是一项程序请求权而非程序启动权，《刑事诉讼法》第 211 条规定人民法院立案标准为犯罪事实清楚，有足够证据。这里的"足够证据"显然足以成为案件进入审判程序的阻碍，因为自诉案件中证明责任完全由被害人方承担以证明自己的主张，但被害人证据收集能力远不如强大的国家权力机关，对一些领域的高精鉴定、法医检验或对嫌疑人的搜查等均受到很大限制。这点就明显不同于日本救济被害人权利的"准起诉"制度，日本诉讼立法并未对被害人的举证责任作出过多的限制或制定更严格的标准，但是却赋予法院在受理案件申请后，裁定受理之前享有广泛的调查权。② 这就形成被害人与公权力方的取证合力，明显减轻了被害人提起诉讼的取证困难和心理负担，与我国被害人孤力很难获得充分的定罪证据形成鲜明反差，也就是说在我国被害人依靠"公诉转自诉"的救济方式实现惩罚犯罪嫌疑人的难度很大。而实践中如果被害人对检察机关不起诉犯罪嫌疑人的决定无法接受，进而选择自诉与不起诉决定相抗衡，则一旦自诉程序启动就意味着对前置程序中可能是上下两级检察机关不起诉裁量权的否定，这难免有损检察机关作出不起诉决定的积极性，也有损不起诉裁量权的功能定位。

---

① 房保国. 被害人的刑事程序保护 ［M］. 北京：法律出版社，2007：11.

② 张小玲. 试论我国刑事诉讼中被害人自诉救济制度 ［J］. 中央政法管理干部学院学报，2000（1）.

(三) 被不起诉人权利救济

社会公众往往认为获得不起诉决定的嫌疑人是侥幸逃脱了刑事惩罚，获得了"法外开恩"，而更多关心不起诉后被害人如何走上维权之路，不解缘何已被"宽大处理"的嫌疑人还不满足乃至会对不起诉决定提出异议。因此，不论立法设计上还是司法实务中，权利保护的视角很难聚焦在被不起诉人身上。尽管不起诉的任一类型适用在最后结果上都实现了程序出罪的功能，但适用上的偏差必然给被不起诉人带来后续处理方式和社会评价上的实质差异。坚决守住防范冤假错案的底线是我国依法治国的重要议题之一，不起诉的错误适用对被不起诉人权益、司法公信、社会公正都会造成严重损害，同属冤假错案的一种。但又不同于传统意义上的"真凶出现""亡者归来"的案件，能较快得到社会广泛关注而启动再审程序得以纠正。若是一个人本身无罪，却被作出酌定不起诉的处理，期望这样的案件被发现、重视并得以纠正几乎是不可能的事情。酌定不起诉本身带有"有罪"的负面评价，即使免予刑事处罚，可能也难以绕开后续的行政处罚及社会负面评价，这也有违法院定罪原则以及无罪之人免受追究的刑事司法理念。实践中，被不起诉人申诉的情况主要是被不起诉人对检察机关认定自己存有犯罪事实、情节轻微的判断不服，认为自己并无犯罪事实，理应作出法定不起诉的处理决定。《刑事诉讼法》第 181 条赋予了对酌定不起诉决定有异议的被不起诉人向作出不起诉的检察机关申诉的权利。可见，被不起诉人救济程序的审查者仍是原来作出不起诉决定的机关，让审查者审查自己作出的决定，难保中立性及公正性。一般检察机关审查不起诉异议时通常会形成以下几种复查意见：一是维持原不起诉决定；二是上报检察长、检察委员会（以下简称检委会）变更不起诉决定；三是上报检察长或检委会作出撤销原不起诉并提起公诉的决定。检察机关对于被不起诉人提出异议往往认为这是其存有不认罪不悔罪的表现，更倾向于选择维持原有不起诉决定。另外，被不起诉人提起异议的同时也就意味将随时面临被检察机关撤销不起诉决定提起公诉的危险。实践中无罪或罪重适用酌定不起诉的行为均是检察机关滥用不起诉权的表现。然而相较于公权力对私权利的压制，私权利对公权力的制约明显不对等，被不起诉人的权利救济很难发挥实效，亟待完善。

（四）人民监督与听证机制

数据表明，在人民监督员试点期间，"从 2014 年 9 月到 2018 年 5 月，对人民监督员制度的试点数据中显示，全国省、市两级检察机关共组织监督案件 10 004 件。其中，人民监督员不同意检察机关拟处理意见的 394 件，检察机关后续采纳的有 163 件，采纳率占到 41.4%"。① 不起诉听证机制是监督机制的重要组成部分，试点工作被寄予厚望，"一些地方检察机关对符合不起诉条件的部分案件专门召开听证会，积极听取各方意见，增强了不起诉活动的透明度，确保了不起诉案件得到公正、准确处理。对于这项新制度，各地可进一步试点探索，形成可复制、可推

---

① 陈卫东，等. 新时代人民监督员制度的发展与完善 ［J］. 法学，2019（3）.

广的地方样本和地方经验"。①

2019 年施行的《人民检察院组织法》第 27 条规定，人民监督员依照规定对人民检察院的办案活动实行监督，这为人民监督员履职提供了法律依据。2019 年《人民检察院办案活动接受人民监督员监督的规定》再次将公开听证和人民监督员的监督作为对不起诉的监督机制。其第 9 条规定，检察院对不服检察机关处理决定的刑事申诉案件、拟决定不起诉的案件、羁押必要性审查案件等进行公开审查，或者对有重大影响的审查逮捕案件等进行公开听证的，应当邀请人民监督员参加，听取人民监督员对案件事实、证据的认定和案件处理的意见。2020 年公布的《人民检察院审查案件听证工作规定》第 4 条规定，人民检察院办理羁押必要性审查案件、拟不起诉案件等，在事实认定、法律适用、案件处理等方面存在较大争议，或者有重大社会影响，需要当面听取当事人和其他相关人员意见的，经检察长批准，可以召开听证会。第 9 条规定，当事人及其辩护人、代理人向审查案件的人民检察院申请召开听证会的，人民检察院应当及时作出决定，告知申请人。2021 年 8 月，最高人民检察院公布《人民检察院羁押听证办法》，人民检察院办理审查逮捕、审查延长侦查羁押期限、羁押必要性审查案件，以组织召开听证会的形式，听取各方意见。2021 年最高人民检察院、司法部公布的《人民监督员选任管理办法》第 4 条规定，人民监督员由省级和设区的市级司法行政机关负责选任管理。2022 年，

---

① 童建明. 敢用善用不起诉权 提升不起诉权司法适用水平 [J]. 人民检察, 2019（10）.

最高人民检察院公布《人民检察院听证员库建设管理指导意见》，由检察院案管部门选任听证员。听证员与人民监督员搭班组成听证会完成潜在的大量听证案件。从人员的来源看，人民监督员的选任管理机关为司法行政机关，独立于人民检察院，比检察院案管部门选任的听证员的独立性更强一些。

目前，对于羁押与不起诉的人民监督有待完善。其一，参加听证的人民监督员大多数为非法律专业，没有人向其解释说明相关法律规定，难以胜任专业化较强的不起诉监督。个别法律外行监督员以挣补贴为目的，背诵了一套应付所有案件的说辞，如"本案案件事实清楚，证据确实充分，程序合法"，以不变应万变发表赞同意见，使人民监督员制度流于形式。其二，人民检察院没有安排人民监督员阅卷的机制，听证会一般也不出示证据，控方给人民监督员的往往是非常简单的案情简介，以及经过筛选处理后的信息，即使是法律专业背景的人民监督员，在没有亲眼看到、亲耳听到证据的情况下也难以依法充分履行监督职责。其三，听证员评议时，检察机关工作人员在场参与讨论的情况时有发生，影响听证员客观公正依法独立发表意见。其四，关于不起诉听证的范围，实务界有人认为，听证"不适用于法定不起诉案件。目前，我国法定不起诉案件包括两类：第一类案件是犯罪嫌疑人没有犯罪事实，第二类案件是具有我国《刑事诉讼法》第 15 条［现为第 16 条第（六）项，笔者注］规定情形的案件，即'其他法律规定免予追究刑事责任的'。因这两类案件易于区分和把握，不易产生分歧和争议，检察机关无需举行听证即可明确作出决定意见"。① 笔者认为需要区分具体情况，进行个案分析。例如，在以正当防卫为由法定不起诉的案件中，被害人认为不构成正当防卫的，往往分歧和争议很大。同理，现实中存在本应适用法定不起诉却可能被起诉的案件，如辩方认为嫌疑人没有犯罪事实作无罪辩护而控方认为有罪的，以及辩方认为属于正当防卫不构成犯罪，而控方认为不属于正当防卫的等。嫌疑人有无犯罪事实以及是否法定不起诉案件，涉及被害人权利，涉及错案追责与赔偿，其直接触动个人和部门、单位利益，是实践中分歧最大、争议最激烈的案件类型，适用听证机制有利于引入外部监督力量，加强对嫌疑人、被害人权利的保障，确保检察机关依法行使检察权。

第六节　来自社会与司法环境的不利因素

一、曾经的"严打"的影响

刑事政策以犯罪现象为关注点，强调对犯罪行为的预防与打击，借助刑事立法、司法的媒介实现调整社会治理的目的。近四十年我国刑事政策历经多次调整，尽管宽严相济的刑事政策已然成为应对犯罪结构轻刑化，实现社会治理效果提质增效的总体策略，但回顾过去的刑事政策不难发现"严打犯罪"的思想根基深厚，总体态势紧张。刑事政策是刑事司法活动的风

---

① 吴外信，向婷. 正确适用不起诉听证制度 [J]. 人民检察，2018 (1).

向标，刑事政策紧张一定程度上加剧了社会"重打击、轻保护"的思想浪潮和检察机关"疑案定罪"的起诉倾向。1979 年我国《刑法》正式确立了"惩办与宽大相结合"的刑事政策。1983 年受当时社会环境动荡、治安形势紧张的影响，"严打犯罪"成为社会治理的主流与核心政策，全国范围内陆续开展了大规模的严厉打击危害社会治安犯罪的斗争。1982 年《全国政法工作纪要》提出，"严厉打击严重刑事犯罪是综合治理首要环节"，将全国司法机关打击犯罪活动的热情推向高潮。2001 年国务院《关于进一步加强社会治安综合治理的意见》继续强调："打击犯罪是社会治安综合治理的首要环节，必须毫不动摇地依法从重从快严厉打击严重刑事犯罪活动……坚持'稳、准、狠'的原则，切实提高'严打'整治斗争的实效。"在当时的政策环境中，"严打"的刚性要求弱化了刑事程序中被追诉人的权利保障、证据判断、法律适用及程序合法性要求。这样的犯罪治理背景难免削弱检察机关行使不起诉裁量权的积极性，因为通过审查起诉环节出罪的"无罪案件"在严打犯罪的高压环境上必然形成一定的社会冲击，甚至对一些证据疑点案件，法检在"虽证据不足但可从轻处理"层面达成一致，这样既能满足社会严打犯罪的要求，同时又从结果上从轻以作为对证据问题的补偿。2004 年首次提出宽严相济的刑事政策，近年来刑事和解制度、认罪认罚从宽制度、企业合规改革试点等一系列制度的创设都让社会看到现代刑法的宽容态度，但并未放弃对严重犯罪的严厉打击。近年来，公安部开展多起严厉打击突出犯罪的专项活动，包括严重暴力犯罪、传统盗抢骗犯罪、拐卖犯罪、性侵犯罪、危及食品安全、环境污染、黑恶势力等多方面，以不

断增强群众安全感。因此，如何避免受我国传统犯罪治理模式重打击轻保护、重实体轻程序的司法理念影响，如何适应新时代人权保障和防冤纠错的要求，是检察机关依法公正行使不起诉权要应对的挑战。

二、来自被害人及社会舆论的巨大压力

在审查起诉环节听取被害人的意见是程序正当的要求，对于保障被害人的程序参与权、全面了解案件事实、补充案件证据，促进社会关系修复具有重要价值。虽然检察机关听取意见并非必须采纳被害人的意见，但在案件审理过程中被害人与检察官同属控方，被害人往往不懂证据原理，基于朴素的正义感及对个人权益的维护，往往无法接受对案件作出不起诉的决定。现实中有的被害人因无法接受不起诉决定，多次骚扰办案检察官、利用网络媒体在社会公共空间哭诉引发社会公众对司法腐败的联想，严重影响办案人员的正常工作与生活。虽然被害人及社会舆论的反应并非全都正确，但办案人员将不得不考虑来自他们及社会舆论的压力。

社会舆论与司法活动的良性互动是社会监督司法，社会共治共建营造公平正义司法环境的时代契机。社交媒体的发展将司法纳入社会公众视野，拉近司法与社会公众的距离，使得司法公信力的确立依赖于司法程序，使裁判结果经得起公众审视。社交媒体的平等接入为社会公众意见表达与交流提供了广阔的平台，成为公众对司法进行监督的一种形式。近几年的聂树斌案、呼格吉勒图案、昆山龙哥反杀案等案件处理结果均与社会舆论的影响有一定的关联，也多数是通过社会舆论和媒体通过

各种途径施压，从而获得了合理的审判。社会舆论对于司法审判的监督确有实效。

但司法审判涉及证据关联性、合法性、充分性、法律适用等专业性的问题，社会公众毕竟未经历严格的法律职业资格培训，对此检察机关应严抓办案质量，加强面向社会公众的释法说理，以应对舆论监督的挑战。检察官办案应恪守客观中立立场，不能出于对舆论压力的畏惧，作出"顺应民意"的起诉或不起诉选择。

三、公检法绩效考核指标的目标导向与压力传导

绩效考核是现代行政管理和企业管理的重要手段，已由机关、企业延伸至公权力机关，公安司法系统亦不例外。检察院系统的办案考评机制主要为其业务职能部分，该机制的确立以督促检察官坚守客观公正义务、提高履行法律监督职能及追诉犯罪职能为目标。笔者通过阅读文献资料、对部分在检察机关工作的相关人员现场访谈的方式对目前检察机关系统内部的办案考评指标有了初步了解。其中自侦业务重点关注对办案情况的考核，细化的考核指标为立案侦查数、起诉率、撤案和不起诉案件数（具体指自侦业务撤案及作出证据不足不起诉、绝对不起诉的案件数量，并予以扣分）。侦查监督业务考核指标为捕后撤案率、捕后不起诉率、捕后无罪率、捕后轻刑率以及应捕未捕的案件数量。另外还包括立案监督数、撤案监督数、监督纠正侦查活动违法数等。公诉业务考核内容主要包括移送审查起诉案件的起诉情况，具体包括撤回起诉率、无罪判决率、审结率等。此外检察院法律监督职能的履职情况也在考核范围。

根据笔者了解，在公安系统中破案率、逮捕率、结案率也是重点考核内容，捕后未诉及被判无罪的案件会被重点关注并均设置一定的扣分机制。不难发现公安机关指标评价有时需以检察机关对案件的批捕情况为标准，侦检关系不只体现在个案中，为维护长期的配合关系两机关往往很重视关系维护。公安机关办案人员在审查批捕、审查起诉期间，通过施加压力的方式推动批准逮捕、起诉的情况不在少数；而检察官也深知公安机关考核指标的压力，很难纯粹将案件作为批捕决定、起诉决定的考量因素。

在上文所述的考核指标中，关于破案率、逮捕率、起诉率的设置是否合理，是否会导致功利执法，是否容易使嫌疑人权益受损，相关争议不断。中央政法委早在 2015 年初政法工作会议上就要求各单位和各地政法机关对各类刑事执法司法考核指标进行全面清理，坚决取消批捕率、起诉率、结案率等不合理的考核项目。最高人民检察院也要求各地坚决取消批捕率、起诉率、有罪判决率等以比率方式进行评价的考评项目。① 但实际上以打击犯罪为导向的考核指标仍存在，侧重追求破案率、起诉率、有罪结果，忽略结果形成过程的合理性，容易架空程序的独立价值。同时这与我国"少捕慎诉慎押"的刑事政策格格不入，"疑罪即捕、捕后即诉、以捕代侦"的旧有观念催生实践中高羁押率、起诉率。数量指标容易统计，方便用于比较，实际上是在立案、侦查、起诉、审判之前就预先设定了案件的处理结果。这些预设的结果都是基于有罪推定。案件的处理结果

---

① 参见 2016 年 9 月 23 日《最高人民检察院办公厅关于政协十二届全国委员会第四次会议第 575 号提案的答复》。

受到主客观因素的限制，很多时候不是仅靠办案人员的努力就可以达到满意的效果。实践中不但存在一些难以侦破的案件，也存在错误抓捕的现象，一味追求业绩簿上的数字容易诱发刑讯逼供等侵犯嫌疑人权利的行为。在基于有罪推定的指标考核的压力下，撤案或对案件作出不起诉的处理这些正常的出罪程序便显得尤为困难，成为办案人员想尽办法尽力回避的选择。因此，数量化并不意味着科学，也不意味着表面科学化的指标符合诉讼规律。为了达到考核所要求的数字，最先被放弃的就是在刑事司法系统中最弱势的人的权利，也即嫌疑人的权利。

　　无罪推定基本原则、价值理念及其要求在刑事诉讼程序中的贯彻绝非一朝一夕之功，不仅需要办案人员科学、客观的司法理念，更需要全社会的理性支持。无罪推定的发展完善不仅是程序问题更是观念问题。

　　综合上文内容，笔者认为，我国对起诉裁量权的制约不足是产生问题的主要原因，包括来自审判机关运用审判程序和无罪推定所要求的证据规则、证明标准对起诉条件的事后审查、检察机关内部监督、被害人、被不起诉人的权利救济及公安机关的复议、复核。如何避免这些制约方式流于形式，使其充分发挥制约作用，亟待进一步探索。

第三章

• • •

起诉裁量权的前提与理论基础

在我国主要的不起诉类型中，证据不足的存疑不起诉是控方认为有罪证据达不到确实充分、排除合理怀疑的证明标准，不能完成证明责任而放弃追诉，是无罪推定所要求的控方证明责任所决定的，是为了保障无辜者不受法律追究。法定不起诉、嫌疑人没有犯罪事实的不起诉，以及依法不负刑事责任的精神病人的不起诉也是为了避免追究无辜者或者错误追究刑事责任。相对不起诉则首先要满足控方证明责任，检察官仍需判断起诉证据是否确实充分，只有在得出证据确实充分、符合起诉证据条件的判断的基础上，才能进一步基于刑罚个别化及公共利益的比较与权衡，考虑是否对嫌疑人适用非刑事化措施。

第一节　作为不起诉权理论前提的无罪推定

无论是起诉还是不起诉，无论是哪种不起诉，均要首先基于控方证明责任和排除合理怀疑的证明标准判断证据的关联性、合法性、充分性，考察证据和证明是否可能达到证据确实充分、排除合理怀疑的证明标准，完成控方证明责任。这是以无罪推定为理论前提的。在遵循无罪推定的前提下，在奉行无罪推定的基础上，才能公正行使不起诉权。

一、无罪推定的性质及其应用

从历史的、发展的角度看，无罪推定蕴含着宁纵毋枉的理念和要求。从罗马法上原告举证、有利于被告的早期规则，发展到19世纪被认为包含以下内容：其一，被追诉人被推定无辜，直到其被证明有罪；其二，被指控犯罪的人必须被证明有罪；其三，给被告人定罪需要满足证据方面的要求，有罪证据必须排除所有的合理怀疑。其四，提出告发、指控的人需要提供有罪证据，证明其所提出的事实和主张，即控方证明责任。[①] 要想让无罪推定落到实处发挥作用，这些方面缺一不可。为了确保无罪推定能够落实，现代刑事诉讼确立了系列规则，发展了系列理论，以保障嫌疑人、被告人在刑事诉讼中的系列权利，避免对无辜者错误地发动追诉乃至错误地定罪。

（一）无罪推定的性质

无罪推定是现代刑事司法的基础。无罪推定不是证据，也不是事实，它是一系列保障嫌疑人、被告人权利的法律规则体系。无罪推定包含三个主要方面。其一，嫌疑人、被告人被推定无辜，嫌疑人、被告人对其无辜无需提供证据证明。其二，控方承担证明嫌疑人、被告人有罪的证明责任。其三，证明嫌疑人、被告人有罪的证据需达到排除合理怀疑的程度，才能对被告人定罪，否则必须判决被告人无罪。为此，刑事司法是以

---

① THAYER J B. Presumption of Innocence in Criminal Cases ［J］. Yale Law Journal, 1896, 6 (4)：185-212.

嫌疑人被告人权利为中心的体制化的建构。就此而言，其一，为嫌疑人、被告人提供专业帮助的律师和法官、检察官的地位同样重要。一个没有律师或者律师未能提供有效辩护的法庭就像没有法官、检察官一样，法庭结构是不完整的，无法实现公正司法。其二，完善的证据排除规则是必须的，在非法证据排除之外，基于职业伦理、社会政策的排除规则同样重要，制定全面的排除规则势在必行。其三，尽最大可能消除刑事程序本身带给嫌疑人、被告人的不利影响，对于限制嫌疑人、被告人人身自由和财产权利、侵犯嫌疑人、被告人隐私权的措施应受到严格限制，推定无辜意味着对嫌疑人、被告人采取这些措施是不正当的，只有为了诉讼的必要才能极为谨慎地限制或剥夺权利。

无罪推定和排除合理怀疑及其所要求的控方证明责任，是刑事诉讼中合理构建控辩审三方诉讼结构、区分控辩审三种诉讼职能的理论基础，是法庭裁判的正当化依据，也是检察机关公正行使不起诉权的重要结构性条件。

（二）审判中立与无罪判决

无罪判决与控方证明责任、排除合理怀疑密切相连，疑罪从无原则意味着当控方不能完成证明责任，未能证明被告人有罪到使法官或陪审员排除合理怀疑之时，必须判无罪。无罪判决决定了无罪推定不仅是个形式，还是刑事诉讼中最重要的实体性问题、实质性问题。例如，在检察官没有提供证据或者明显证据不足的案件中，单独依据无罪推定，就足以对被告人无罪释放。

　　需要注意的是，审理案件的法官或陪审员在判断被告人是否有罪时，只要遵循公开、中立等裁判规则，本着良知判断那些呈上法庭且不被排除的关联证据，得出的裁判结果就是可接受的。因此合理怀疑的解释权与判断权归于审理案件的法官或陪审员，是审判权的组成部分。审判方对其认为不能排除合理怀疑的案件作出无罪判决，并不损害司法的权威，因为司法权威并不在于定罪率，而在于良知裁判、中立、公开、透明、无偏私。定罪率固然可以带来依靠强制力的威慑和阻吓，却无法帮助形成基于信任的公认的司法权威。当法官法庭审理案件时，与陪审法庭的原理是相同的。

　　无罪判决不仅是无罪推定的重要问题，更是司法体制中审判权力分配和职权划分的重要问题。正是有无罪判决这样的法律后果，决定了检察官在起诉前对证据的谨慎判断。唯有对其认为证据足以在审判中使事实审理者认为可以排除合理怀疑的案件，检察官才会提起诉讼。因为检察官起诉之前需要考虑的重心是有判决权力的人处理案件的需求，如果法庭上的事实审理者没有无罪判决的权力，就无法适用关于无罪推定的法律规定，无罪推定就难以落实，审判权对检察官诉权的约束机制就削弱了。

（三）控辩对抗与有效辩护

　　无罪推定蕴含了对控辩对抗的要求。只有控辩对抗的程序才能够完全承载无罪推定和排除合理怀疑的要求。在个案庭审中适用证据规则，当证据出示后，必须经过交叉质证等法定的控辩对抗程序，法官与陪审员依据常识、经验、逻辑来判断被

告人是否有罪，这样才能满足无罪推定和排除合理怀疑的基本要求。在诉讼程序推进过程中，被告人对证人的质证权利等基本权利依托开庭审判程序，只有有力的辩方才能有机会、有能力提出合理怀疑，在与控方的辩论、对抗中使法官与陪审员判断其对被告人有罪的认识是否达到排除合理怀疑。没有辩护律师的专业服务，法庭审判中就没有充分的控辩对抗，复杂的证据和证明规则就难以发挥其既定功能，无罪推定也会就此落空。

辩护权是基本人权，无罪推定是有效辩护的基础理论之一。无罪推定作为基本人权也是正当程序的权利，要求国家不能对个人定罪，除非且直到控方在一个具有公正审判典型特征的程序中证实其有罪。而控方证明责任意味着对于存在合理怀疑的案件，控方不得起诉，起诉后发现存在合理怀疑的，控方应当撤诉。控方只要起诉并支持起诉就不会主动提出其未完成证明责任，不会主动提出案件存在合理怀疑。通常只有称职的辩护律师才会通过控辩对抗的程序，通过调查、质证、辩论才能提出合理怀疑并使审判方认识到该案存在合理怀疑。事实上，法庭上的控辩审三方中，也只有辩方尤其是辩护律师才会有力地提出合理怀疑；控方并无提出合理怀疑的义务，且由于其追诉倾向也很难有动力提出合理怀疑。没有有效的律师辩护和控辩对抗，就很难发现合理怀疑。

在认罪认罚案件中，律师尤其重要。辩护律师是为了维护嫌疑人、被告人的权益，执行辩护职能、进行控辩对抗而存在的。如果辩护律师转而配合侦查、检察机关，就侵害了嫌疑人、被告人的辩护权。律师通过会见、阅卷、调查取证、申请调查取证等辩护行为了解案情，除了需要判断控方的证据是否确实充分足以排除合理怀疑外，还要分析把握量刑从宽的可能，并以此为基础提出有针对性的辩护意见。对于证据不足的案件，律师不应建议嫌疑人、被告人认罪。对于检察官的量刑建议不当的案件，律师也应提出反对的依据以及意见。但如果检察官不是与律师协商关于嫌疑人认罪与量刑建议等事宜，而是与嫌疑人协商，那么控辩协商在专业性、知情权等方面的平等就被全然打破了。这可能导致检察官在决定起诉与否、选择哪种不起诉类型时，无需考虑辩方意见，从而影响其公正行使起诉裁量权。

2022年"两高两部"联合出台《关于进一步深化刑事案件律师辩护全覆盖试点工作的意见》，2021年通过《中华人民共和国法律援助法》，2018年最高人民法院、司法部发布《关于扩大刑事案件律师辩护全覆盖试点范围的通知》《关于依法保障律师诉讼权利和规范律师参与庭审活动的通知》等，主要体现在保障嫌疑人被告人获得辩护的权利，人民法院、人民检察院、公安机关、国家安全机关有义务保证嫌疑人被告人在审判阶段获得辩护，推动审查起诉阶段的律师辩护全覆盖试点，完善通知辩护机制和值班律师法律帮助制度，依法保障辩护人会见、阅卷、收集证据和发问、质证、辩论辩护等权利，完善便利辩护人参与诉讼的工作机制，扩大法律援助范围。

以上规范性文件对保障犯罪嫌疑人、被告人的辩护权提出了更高的要求，提升了辩方在审查起诉阶段的对抗和协商能力，从而使检察官在起诉前对证据的关联性、充分性、合法性的考虑愈加谨慎。这有助于在实践中落实控方证明责任，贯彻无罪推定和排除合理怀疑的要求。

（四）证据规则与证明责任

证据规则限制了在逻辑上有证明力的材料在法律上作为证据的资格，以合法性、司法政策、社会政策等为基础的各种证据排除规则成为刑事证明与哲学、数学等其他证明的重要区别。对刑事证明的研究与实践越是重视证据规则，刑事证据法上的证明与数学、哲学、认识论上证明的区别越是明显。通过对可能性和确定性、直觉、证明、推定、间接证据、直接证据等进一步的研究，有学者认为，出于假定和直觉的知识不能排除合理怀疑，经证明的知识能够"排除所有合理怀疑"，达到某种确定性，但确定性的程度是多样化的，为此如何防止个人恣意性才是需要解决的问题，证据法的目的就在于"在通过严格的、精确的辩论来调查真相的过程中，约束个人意见和行为的边界"。①

证据排除固然受证据规则规范，而不被排除的证据出示之后，是否能够排除合理怀疑，"确认其所能证明的事实是人的思维的自然过程"②，所"运用的那些推理过程是理智的、受过教

---

① MCKINNON, D. The Philosophy of Evidence [M]. London: S. Brooke for W. Reed, 1812: 20, 24, 25, 27, 64. Cf. SHAPIRO B J. "Beyond Reasonable Doubt" and "Probable Cause": Historical Perspectives on the Anglo‐American Evidence Law [M]. Berkeley: University of California Press, 1991: 30.

② WIGMORE J. The Principles of Judicial Proof as Given by Legal, Psychological and General Experience [M]. 2nd ed. Boston: Little, Brown, and Company, 1931: 3‐5. Cf. SHAPIRO B J. "Beyond Reasonable Doubt" and "Probable Cause": Historical Perspectives on the Anglo‐American Evidence Law [M]. Berkeley: University of California Press, 1991: 30.

育的人已经掌握的"。① 由此可见，法官或陪审员在证据规则的基础上，基于不被排除的证据对案件事实逐步建立认识。

排除合理怀疑是事实审理者对所有证据的通盘对比和考虑之后，在考虑控辩双方的起诉与辩护意见之后对案件的认识状态，对被告人有罪的认识达到确信的心理状态，这种状态不是绝对的确定性和绝对的确信，而是一种合理的、盖然性的确信，确信其建立在证据基础上的推理和有罪判决是正确的。② 可见，排除合理怀疑不但与确定性、可能性、盖然性相联系，而且与正当性、合理性相联系，使法官或陪审员能够在法律指引下、在证据基础上作出被告人是否有罪的判断。只有不被排除的证据才能用以证明被告人有罪，否则就降低了控方证明责任，违反了无罪推定的要求。在此意义上，证据规则是无罪推定和排除合理怀疑的保障。

二、我国法上的无罪推定

我国 2018 年《刑事诉讼法》体现无罪推定的规定见于第 12 条、第 51 条、第 52 条、第 55 条、第 200 条等。这些规定结合起来，对无罪推定较为完整地表述为：未经人民法院依法判决

---

① WIGMORE J. The Principles of Judicial Proof as Given by Legal, Psychological and General Experience [M]. 2nd ed. Boston: Little, Brown, and Company, 1931: 3-5. Cf. SHAPIRO B J. "Beyond Reasonable Doubt" and "Probable Cause": Historical Perspectives on the Anglo-American Evidence Law [M]. Berkeley: University of California Press, 1991: 39, 40.

② Commonwealth v. Webster, 59 Mass. (5 Cush.), 320 (1850). Cf. SHAPIRO B J. "Beyond Reasonable Doubt" and "Probable Cause": Historical Perspectives on the Anglo-American Evidence Law [M]. Berkeley: University of California Press, 1991: 24.

对任何人都不得确定有罪；被告人有罪的举证责任由控方即人民检察院或自诉人承担；不得强迫任何人证实自己有罪；证据确实、充分的，也即定罪量刑的事实都有证据证明，据以定案的证据均经法定程序查证属实，综合全案证据，对所认定事实已排除合理怀疑，应当认定被告人有罪和处以刑罚；证据不足，不能认定被告人有罪的，应当作出证据不足、指控的犯罪不能成立的无罪判决。

1996 年《刑事诉讼法》修正时讨论通过了第 12 条的规定。其实质主要是为了废除人民检察院作出免予起诉决定时的定罪权，殊无确立无罪推定之立法意图。然而这一规定契合了无罪推定所要求的法院定罪权威和罪行确定须经法院依法判决。随后 2012 年《刑事诉讼法》修正新增的控方举证责任、非法证据排除程序、不得强迫自证其罪、排除合理怀疑、羁押必要性审查等，也契合了无罪推定的内涵和要求。

2019 年最高人民法院、最高人民检察院、公安部、国家安全部、司法部《关于适用认罪认罚从宽制度的指导意见》第 3 条强调："坚持证据裁判原则。办理认罪认罚案件，应当以事实为根据，以法律为准绳，严格按照证据裁判要求，全面收集、固定、审查和认定证据。坚持法定证明标准，侦查终结、提起公诉、作出有罪裁判应当做到犯罪事实清楚，证据确实、充分，防止因犯罪嫌疑人、被告人认罪而降低证据要求和证明标准。对犯罪嫌疑人、被告人认罪认罚，但证据不足，不能认定其有罪的，依法作出撤销案件、不起诉决定或者宣告无罪。"

有学者认为，我国现行刑事诉讼法中确立了无罪推定原则，但表述上与西方有区别，相关制度有待进一步完善。① 有学者认为，我国刑事诉讼法虽然没有无罪推定的明确表述，但其精神在逐步展现和加强。② 笔者认为，我国刑事诉讼法对无罪推定的表述与国际公约的规定已经非常相似，这就要求立法执法司法部门破除旧的有罪推定观念，深入学习无罪推定的理念，在制定、修改法律和政策时遵循无罪推定的要求，在执法司法过程中尊重和保障嫌疑人、被告人的权利，未经法院依法判决，不得对嫌疑人、被告人施加惩罚，要严格依据法律的要求行使职权，不得为了减轻举证责任而迫使嫌疑人认罪。

目前由于部分执法司法人员根深蒂固的有罪推定观念尚未与时俱进、及时更新，导致在实践办案中仍能看到有罪推定，仍不时出现以下问题。

第一，实践中尚未能完全接受无罪推定的理念和规则，对未决案件的嫌疑人被告人常视为罪犯，公开称其有罪的情况也很常见。实践中对不得强迫任何人证实自己有罪的理解和贯彻不到位。

第二，证据裁判和证据规则是贯彻无罪推定的基础，也是破除有罪推定的重要手段。目前司法实践中还没有建立完整、系统的证据规则。刑事诉讼法仅规定了非法证据排除规则，但非法证据排除规则仅是证据排除规则的组成部分之一，证据规则的框架结构有待在法律完善过程中继续搭建，仍有待对关联性规则、品格证据规则、传闻规则、拒证特权规则及其他排除

① 易延友. 论无罪推定的涵义与刑事诉讼法的完善 [J]. 政法论坛，2012（1）.

② 陈光中，张佳华，肖沛权. 论无罪推定原则及其在中国的适用 [J]. 法学杂志，2013（10）.

规则作出规定。

第三，无罪推定原则要求未经定罪不得削弱对嫌疑人的系统法律保护，而在有罪推定之下，权利保障不足及未审先罚削弱对嫌疑人的法律保护，在控辩对抗的诉讼结构中削弱了辩护，这些都不利于起诉权的公正行使。

第四，无罪推定原则要求中立的事实裁判者根据当庭质证过的不被排除的证据，依据控方证明责任和排除合理怀疑的证明标准进行裁判。"让审理者裁判"是党的十八届三中全会提出的司法体制改革重要任务，其有待进一步上升为法律。

习近平总书记强调："当前，我国人权法治保障还存在不少短板。要深化法治领域改革，健全人权法治保障机制，实现尊重和保障人权在立法、执法、司法、守法全链条、全过程、全方位覆盖，让人民群众在每一项法律制度、每一个执法决定、每一宗司法案件中都感受到公平正义。要系统研究谋划和解决法治领域人民群众反映强烈的突出问题，依法公正对待人民群众的诉求，坚决杜绝因司法不公而造成伤害人民群众感情、损害人民群众权益的事情发生。""发展人权是全人类共同的事业。人权保障没有最好，只有更好。各国都有权利自主选择人权发展道路，不同文明、不同国家应该相互尊重、相互包容、相互交流、相互借鉴。我们弘扬全人类共同价值，践行真正多边主义，积极参与包括人权在内的全球治理体系改革和建设，推动构建人类命运共同体。"①

---

① 习近平. 坚定不移走中国人权发展道路 更好推动我国人权事业发展［J］. 求是，2022（12）.

我们应当认真学习习近平法治思想，深刻理解习近平总书记对于国家尊重和保障人权重要论述的重要意义，"中国始终遵循联合国宪章和《世界人权宣言》的精神，坚持把人权普遍性同中国实际结合起来，走出了一条符合时代潮流、具有中国特色的人权发展道路，为中国人权进步和国际人权事业作出了重大贡献"。① 为了进一步加强刑事司法中的人权保障，为了保护嫌疑人被告人的人身权、财产权、人格权，为了杜绝司法不公、防止冤假错案，需始终遵循《世界人权宣言》的精神，坚持人权普遍性和中国实际，努力克服观念、制度、机制上的有罪推定，贯彻无罪推定原则，保障嫌疑人的辩护权，使检察机关在公诉案件中承担举证责任，充分考虑案件中的定罪证据是否确实充分，是否足以满足排除合理怀疑的证明标准，以此作为决定起诉或者不起诉的前提条件。无罪推定影响着诉讼构造，影响着被追诉人权利的实现，也对不起诉权的公正行使发挥着决定性的作用。

三、国际公约上的无罪推定

习近平总书记强调，《世界人权宣言》是人类文明发展史上具有重大意义的文献，对世界人权事业发展产生了深刻影响。② 1948 年《世界人权宣言》第 11 条第 1 款对无罪推定的表述是："凡受刑事控告者，在未经获得辩护上所需一切保证的公

---

① 习近平. 在中华人民共和国恢复联合国合法席位 50 周年纪念会议上的讲话 [N]. 人民日报，2021-10-26.
② "习近平致信纪念《世界人权宣言》发表 70 周年座谈会强调　坚持走符合国情的人权发展道路　促进人的全面发展"，载《人权》2019 年第 1 期。

开审判而依法证实有罪以前，有权被视为无罪。"从其行文看，无罪推定包括至少四个方面的要求：一是对辩护的充分保障；二是公开审判；三是依法证实有罪；四是证实有罪前被视为无罪的权利。简言之，无罪推定蕴含了辩护权、公开审判权、依法证实有罪之前被视为无罪的权利。

1966 年联合国大会通过并于 1976 年开始生效的《公民权利和政治权利国际公约》第 14 条第 2 款规定了无罪推定："凡受刑事控告者，在未依法证实有罪之前，应有权被视为无罪。"第 14 条的其他六款对"依法证实有罪"的最低要求作出了规定，包括但不限于：①法庭依法设立、合格、独立、无偏倚；②公开、公正的法庭审判；③判决公开宣布；④特定情况下不公开审判、宣判；⑤迅速获知罪名和原因；⑥准备辩护的时间和便利；⑦联络其自选律师；⑧不无故拖延审判；⑨出席庭审；⑩亲自辩护或由其所选辩护人进行辩护；⑪告知、指定法律援助及无偿付能力时的免费法律援助；⑫询问控方证人；⑬与控方证人同等条件下使辩方证人出庭、受询问；⑭不强迫自证其罪或承认犯罪；⑮帮助少年复归社会；⑯获得免费翻译；⑰上诉权；⑱除非出于其本身原因否则推翻定罪后获得赔偿；⑲一事不再审、不再罚等。①

2012 年版《欧盟基本权利宪章》第六章"司法"规定了无罪推定的精神与要求。其中第 48 条规定了"无罪推定和辩护权""①被追诉人应当被推定为无辜直到依法证明其有罪。②尊

---

① ［2023-09-20］. https://treaties. un. org/doc/Treaties/1976/03/1976032306-17AM/ Ch_IV_04. pdf.

重所有被追诉人的辩护权应当被保障"。

2016 年 3 月,《欧洲议会和欧盟理事会关于加强刑事诉讼中无罪推定和出庭权某些方面的（EU）2016/343 号指令》（以下简称《无罪推定指令》），规定了欧盟国家对无罪推定的最低限度的保障和准则。第 3 条"无罪推定"要求"成员国应确保嫌疑人和被告人被推定无罪直到依法被证明有罪"。《无罪推定指令》列举了一些违反无罪推定的情形,第 5 条禁止"让嫌疑人和被告人公开现身时给人有罪的印象"。第 4 条禁止"公开称其有罪",第 16 段指出,如果官方的公开声明或者除有罪判决外的司法裁决将嫌疑人或被告人称为有罪,只要这个人还没有被依法证明有罪,就违反了无罪推定。①

《无罪推定指令》第 6 条规定了证明责任。第 1 款要求成员国应确保证实有罪的证明责任由控方承担。这不应影响法官或者其他法庭依据国内法寻找有罪及无罪证据的义务,也不影响辩方依据国内法提供证据的权利。第 2 款要求成员国确保对有罪问题的任何疑问都有利于被追诉人,包括当法庭决定其是否应当被无罪释放时。

《无罪推定指令》第 7 条规定沉默权和不自证其罪的权利。第 1 款要求成员国应确保嫌疑人和被告人对于其被怀疑或者被起诉犯下的罪行有权保持沉默。第 2 款要求成员国应确保嫌疑人和被告人有权不自证其罪。第 3 款规定,行使不自证其罪的权利,不得阻止主管机关收集证据,这些证据是可以动用强制

---

① 第 1 款的广泛要求不适用于检察官旨在证明个人有罪的行为（如起诉书）,也不适用于司法或其他主管当局基于可疑或定罪证据的初步程序性决定（如关于审前拘留的决定）。

性权力获得的合法证据，并且其独立于嫌疑人或被告人的意志而存在。第 4 款要求成员国在量刑时可允许其司法机关考虑嫌疑人和被告人的合作行为。第 5 款要求嫌疑人和被告人行使沉默权或者不自证其罪的权利，不得对其不利，不应作为其犯有有关罪行的证据。第 6 款关于不妨碍成员国决定对轻罪的诉讼或对某些阶段可以以书面形式进行，或者主管机关对有关罪行不向嫌疑人或者被告人发问，但前提是，这符合其公正审判的权利。

四、通俗易懂地解释无罪推定

英美法国家对无罪推定有通俗易懂的解释，这是由于其实行陪审团审判，陪审员多是外行，为了使其了解无罪推定并据以作出有罪还是无辜的事实裁决，法官要向其作出解释。这些解释比抽象的原则规则更易懂，尤其是对排除合理怀疑的解释。

（一）推定清白无辜

"无辜"意味着无罪过、无责任，更明白无误地说明一个人的清白，因此更顺理成章的无需自证清白。对于无罪推定所包含的推定无罪，美国部分法院认为，推定无辜是更合适的说法。美国部分联邦巡回上诉法院制定的陪审团说明模板对此有明确的解释，试举几例说明。

案例 1：2019 年版美国第五巡回上诉法院刑事陪审团说明模板第 1.05 条"无罪推定、证明责任，合理怀疑"的内容如下："大陪审团起诉书或检察官起诉书并不是有罪证据。实际上，法律推定被告人无罪。被告人自始清白无辜（Clean Plate）。"

美国联邦第五巡回上诉法院使用"清白无辜"的说法是2019 年新增的，前一版本即2015 年版还没有这个说法。增加这一说法的目的是使陪审员绝对确定这里的推定无罪是什么意思。

案例 2：2022 年美国联邦第八巡回上诉法院陪审团说明模板第三部分适用于审判的说明之第 3.5-3.8 中的"无罪推定、证明责任"的内容有："在审判开始时，我告诉您必须推定被告人无罪。因此，被告人在审判开始时清白无辜，没有任何不利于他/她的证据。"

第八巡回上诉法院关于被告人"清白无辜"的说法，是在2017 年的更新中新增的。该法院在 2010 年的刘易斯案（United States v. Lewis）支持了地区法院使用的这一说法。[①] 以前第八巡回上诉法院的陪审团说明模板中并无这一术语，这种说法也不是《美国联邦宪法》的要求。从法院的说明来看，是为了让陪审员不要有先入为主的预断，不受被告人被起诉、被羁押等的误导，让陪审员理解推定清白无辜的含义。

（二）控方证明责任

控方证明责任作为无罪推定的核心规则之一，比合理怀疑规则要清晰一些，不容易有歧义。在英美法上，无罪推定和排除合理怀疑都要求控方承担证明责任，除非且直到控方证明到排除合理怀疑，否则不得判被告人有罪。对此，美国联邦最高法院指出："证明有罪到排除合理怀疑是控方的义务。"[②] "任何

---

① United States v. Lewis, 593 F. 3d 765, 771 (8th Cir. 2010).

② Leland v. Oregon, 343 U. S. 790, 802-803 (1952) (dissenting opinion).

对陪审团的说明，如果减轻了控方承担的必要证明责任，都明显与源于宪法的无罪推定不一致。"① 美国联邦巡回上诉法院制定的陪审团说明模板对控方证明责任有明确的解释。以下是美国不同年份不同法院适用的不同版本的陪审团说明模板中对于控方证明责任的说明，除了细微的差别以外，几乎一致。

案例1：2023年版美国联邦第一巡回上诉法院陪审团说明模板对控方证明责任的说法是：被证实有罪之前的无罪推定意味着证明责任始终在于控方，控方要排除合理怀疑地说服你被告人［姓名］犯有指控罪行。法律并不要求控方证明有罪到排除一切可能的怀疑；证明到排除合理怀疑就足以定罪。证明责任从不转移到被告人。通过证据和从证据中得出的合理推断来证明指控犯罪的每一个要素，总是控方的责任。被告人［姓名］有权依靠控方未能或者无法对指控犯罪的任何必要要素证明到排除合理怀疑获得无罪释放。②

案例2：2023年版美国联邦第六巡回上诉法院刑事陪审团说明模板在"一般原则"部分的第1.03条规定"无罪推定、证明责任、合理怀疑"：

（1）你知道，被告人对起诉书指控的罪名不认罪。起诉书不是证据，只是一种正式的方式，来告诉被告人指控他犯什么罪。它不引起任何有罪的怀疑。

（2）在审判开始时，被告人历史清白，没有对他不利的证据，法律推定其无辜。无罪推定与其同在，除非控方在法庭上

---

① Gibson v. Ortiz, 387 F. 3d 812, 820（9th Cir. 2004）；Byrd v. Lewis, 566 F. 3d 855（9th Cir. 2009）.

② Pattern Criminal Jury Instructions for the First Circuit, p. 97.

提出胜过这一推定的证据，并且排除合理怀疑地让你相信他是有罪的。

（3）这意味着被告人根本没有义务提供任何证据，或以任何方式向你证明他是无辜的。控方证明其有罪，自始至终这都是控方的责任。除非控方排除合理怀疑地说服你被告人是有罪的，否则你必须判决被告人无罪。[1]

案例3：2022年版美国联邦第七巡回上诉法院陪审团说明模板在一般原则的第1.03"无罪推定/证明责任"对控方证明责任的解释是：

对［每一项］指控，均推定被告人无罪。这一推定贯穿整个诉讼，包括在你们评议期间。除非根据案件的所有证据，你们确信无疑地认为［被告人；你们正在审议的具体被告人］有罪，否则这一推定不会被推翻。

控方有责任排除合理怀疑地证明［每名被告人］被告人有罪。在整个诉讼中，控方始终负有举证责任。

［被告人］无需证明自己无罪。他根本无需出示任何证据。

当被告人提出有举证责任的积极辩护时，以下内容替代第2款及第3款：

控方有责任排除合理怀疑地证明被指控罪行的每个要素。在整个诉讼中，控方始终负有举证责任［被告人无需证明自己无罪。他根本无需出示任何证据］。

然而，被告人有责任以［优势证据；明确而令人信服的证

---

[1] Pattern Criminal Jury Instructions, Prepared by Sixth Circuit Committee on Pattern Criminal Jury Instructions.

据〕证明〔此处指明辩护理由，如胁迫、精神错乱〕的辩护。

案例4：2022年版第八巡回上诉法院刑事陪审团说明模板第3.05及第3.08关于"起诉书不是证据—证明责任—无罪推定"的内容是：

本案起诉书指控被告人犯有（宣读罪名）。被告人对指控罪名不认罪。

起诉书只是正式指控被告人他/她受审罪名的文件。起诉书不是证据。在审判开始时，我告诉你必须推定被告人无辜。因此，被告人在审判开始时清白无辜，没有任何不利于他/她的证据。

仅凭无罪推定就足以认定被告人无罪。只有控方在审判中证明指控犯罪的每个要素到排除合理怀疑，无罪推定才能被推翻。

被告人不承担证明自己无辜的证明责任〔相反，控方在审判全过程中承担证明责任。〕〔因此，在你作出裁决的过程中，不得以任何方式考虑被告人不作证的事实，甚至也不能讨论这个事实。（注：这句话只有被告人提出书面申请时才使用在陪审团说明中）〕

案例5：2023年版第九巡回上诉法院刑事陪审团模范说明手册第1.2"起诉—无罪推定"的内容是：

本案是一起由美国政府提起的刑事案件。控方指控被告人犯有〔指明所控罪行〕。起诉书中载有对被告人的指控。起诉书只是描述了控方对被告人提出的指控。起诉书不是证据，不能证明任何事情。

被告人已对指控表示不认罪，并被推定无罪，除非且直至控方在排除合理怀疑的情况下证明被告人有罪。此外，被告人有权保持沉默，且无需证明自己无罪或提交任何证据。

为了帮助你了解证据，我现在将向你简要介绍控方必须证明的犯罪要素：[提供犯罪要件的简要说明]。

其6.2条"起诉书不是证据—无罪推定—证明责任"的表述是：

起诉书不是证据。被告人对指控不认罪。被告人被推定无罪，除非且直至控方排除合理怀疑证明被告人有罪。此外，被告人无需作证或提供任何证据。被告人无需证明自己无罪；控方有责任排除合理怀疑地证明指控的每个要素。①

案例6：2022年版第十一巡回上诉法院司法委员会采纳的刑事陪审团说明模板关于控方证明责任可见于其B2.1、B2.2和B3。

B2.2 遵守说明的义务和无罪推定；当被告人不作证

你的决定必须仅基于在审判中提供的证据。你不得以任何方式受到对被告人或控方的同情或偏见的影响。

即使你不同意该法律，也必须遵守我所解释的法律，并且必须全面遵循我所作的所有说明。你不得质疑或无视法院关于法律的任何说明。

对被告人的起诉或正式指控并不是有罪的证据。法律推定每个被告人都是无辜的。被告人不必证明自己无罪或提供任何证据。被告人不必出庭作证，如果被告人选择不作证，你在作出决定时也不能以任何方式考虑这一点。控方必须证明被告人有罪到使你排除合理怀疑。如果控方未能做到，你必须判决被

---

①　美国联邦第九巡回上诉法院《刑事陪审团模范说明手册》由其陪审团说明委员会制定，现行版本为2023年更新的版本。

告人无罪。

B3 "合理怀疑"的定义

控方的举证责任沉重，但不必证明被告人有罪到排除所有可能的怀疑。控方的证明只需要排除关于被告人有罪的任何"合理怀疑"……

笔者认为，从以上内容看，美国联邦法院对控方证明责任的要求可分为几个层面：第一，被告人免除证明责任，被告人不必提供任何证据，不必证明自己有罪或无罪，不必作证。除非被告人提出积极的辩护事由如精神病、自卫等，此时被告人需对其主张提供证据证明到民事证明标准，不需要证明到排除合理怀疑。第二，控方要证明犯罪的每一个要件事实，对每一个犯罪要件的证明都必须达到排除合理怀疑的程度。第三，控方证明被告人有罪到排除合理怀疑的证明责任不转移给被告人。第四，控方的证明不能排除所有合理怀疑时，被告人获得无罪判决。综上，美国陪审团说明模板中对排除合理怀疑的证明标准以及控方的证明责任的解释，是要求对犯罪的每一个要件的证明进行独立判断，针对每一个犯罪要件，独立地判断其是否被证明到了排除合理怀疑。这种独立判断排斥综合判断，综合判断要求综合所有证据来判断是否证明犯罪事实到排除合理怀疑的地步。综合判断强调整体观、全局观，风险是可能忽视对每一犯罪要件的独立判断，可能导致对其中一个要件的强势证明抹杀对其他要件的证明不能，从而抹杀犯罪要件。

域外对于无罪推定和排除合理怀疑所包含的控方证明责任有多种不同的解读，涉及对无罪推定和排除合理怀疑的性质的认识。其中一种观点认为，无罪推定是实质性人权，是公民在法律上的无辜身份，这种身份必须由控方在法庭上提供证据达到非常高的标准才能被推翻。[①] 适用排除合理怀疑证明标准的审判是对控方权力的重要制衡，特别是制衡控方起诉个人、施以刑罚的权力。正是由于个人享有被推定为无罪的实质性人权，所以才有权要求对控方提出的指控进行公正严谨的检验。控方只有通过这样的检验，反驳被告人的无罪推定，对被告人予以惩罚才是合理的。[②] 另有观点反对以上说法，认为通过控方承担证明责任达到排除合理怀疑来反驳无罪推定这种说法不妥当，因为此处"被推翻"或者"被反驳"的是无罪推定这一"实质性人权"，而"实质性人权"通常不是可以"被推翻"或者"被反驳"的，它只可以"被侵犯""被剥夺"或者"被放弃"。[③]

笔者认为，以上两种说法各有其道理。笔者也认为无罪推定是实质性人权，被认为无罪推定是不可剥夺、不可侵犯、不可反驳、不可推翻、不可转让的，但是可以自愿放弃。从无罪推定和排除合理怀疑对刑事程序影响的深度和广度而言，二者有所区别，无罪推定更为基础，是刑事诉讼的底层逻辑，排除合理怀疑是对无罪推定的具体贯彻和实施，控方承担证明责任是无罪推定和排除合理怀疑的共同要求。

无罪推定是证明责任、证明标准、证明对象、证据规则的基础，决定了证明结构和规则。法院依据这些规则作出判决，

---

① RICHARD L. LIPPKE, Taming the Presumption of Innocence ［M］. Oxford：Oxford University Press，2016：29.

②③ RICHARD L. LIPPKE, Taming the Presumption of Innocence ［M］. Oxford：Oxford University Press，2016：51.

无论是作出有罪判决还是无罪判决，在根本上都是基于无罪推定。

(三) 排除合理怀疑

合理怀疑以及排除合理怀疑究竟是指什么，陪审制之下是否要使陪审员把握其含义，法官是否必须向陪审员解释合理怀疑，在英美法实践中，不同的法院有不同的做法，对待这个问题的规则是不一致的。美国联邦最高法院在判决中指出，法官拒绝对合理怀疑作进一步解释是合宪的，"排除合理怀疑是正当程序的要求，但宪法既不禁止法庭对合理怀疑下定义，也不当然要求法庭下定义"。[1] 联邦最高法院并未要求向陪审团提供排除合理怀疑的任何具体定义，也未要求对该术语进行任何定义。因此，州法院和联邦下级法院在给出定义方面获得了广泛的自由，出现了各种各样的定义。

1. 实践中曾被批评的对合理怀疑解释

美国法院系统没有关于合理怀疑的统一定义。对此，美国联邦最高法院在判决中指出，法官向陪审员作出的任何对合理怀疑的说明都必须：(1) 向陪审员说明只能考虑证据；(2) 准确地说明控方的证明责任。[2] 联邦最高法院还曾反对使用某些说法：例如，引起"严重不确定性"的"实际的实质的怀疑"这个定义是可以推翻原判的错误；[3] 因为"实质性"可以被理解为

---

[1] Victor v. Nebraska, 511 U. S. 1, 6 (1994); Hopt v. Utah, 120 U. S. 430, 440-441 (1887).

[2] Victor v. Nebraska, 511 U. S. 1, 5 (1994).

[3] Estelle v. McGuire, 502 U. S. 62, 73 n. 4 (1991).

"很大程度"，可能超过无罪释放所需的"合理怀疑"。"严重的不确定性"违反《美国联邦宪法》第十四修正案，因为其要求比无罪判决更高的合理怀疑程度。[1] 类似的说法还有"绝对确定""所有可能的怀疑"[2] 等。联邦最高法院还对某些说法提出疑问，例如"实质的真实的怀疑"被认为"这个定义虽然本身也许不是要改正的错误，却被批评为混乱不清楚"。[3] 又如，认为"使用确信无疑/道德确定性/接近必然的可能性（moral certainty）来说明合理怀疑并不违宪"，[4] 但对于解释合理怀疑没有好处，因为它和合理怀疑一样需要解释。[5]

美国联邦最高法院认为，《美国联邦宪法》上不合理的合理怀疑说明不是无害的错误。[6] 第八巡回上诉法院认为，法院有责任就合理怀疑的含义作出说明。[7] 第十巡回上诉法院 1974 年的判例也认为，"合理怀疑标准是刑事司法制度的宪法基石，被告人有权要求陪审团了解这个标准及其必然结果，即无罪推定，并有权要求向陪审团解释合理怀疑的含义"。[8] 因此，在第八、第十巡回上诉法院辖区，存在因对合理怀疑的说明不合理而成立有害错误、导致推翻判决的可能性。

---

[1] Cage v. Louisiana, 498 U. S. 39 (1990) (per curiam).

[2] Hopt v. Utah, 120 U. S. 430, 439-40 (1887).

[3] Taylor v. Kentucky, 436 U. S. 478, 489 (1978).

[4] Victor v. Nebraska, 511 U. S. 1 (1994).

[5] Hopt v. Utah, 120 U. S. 430, 440 (1887).

[6] Sullivan v. Louisiana, 508 U. S. 275 (1993).

[7] Friedman v. United States, 381 F. 2d 155 (8th Cir. 1967).

[8] United States v. Pepe, 501 F. 2d 1142, 1143 (10th Cir. 1974); Findley v. United States, 362 F. 2d 921 (10th Cir.); Holland v. United States, 209 F. 2d 516 (10th Cir. 1954).

第十巡回上诉法院还有判例认为，解释合理怀疑是困难的，因为合理怀疑既抽象，又是普通用词，还与每个人的日常生活经验相联系，因而是个性化的。所以，对合理怀疑不必解释，只要使用了这个词汇，同时向陪审员说明了无罪推定，陪审员就当然能够运用它。"我们也必须注意到，任何试图详细定义这一术语或准确描述哪种怀疑可能是合理的，都存在固有的困难。作为一个抽象概念，合理怀疑这一概念无法使用定义明确、含义具体的术语来描述。如果必须使用措辞或语言描述它，其含义必然受到每个人经验的影响。因此，虽然这个词本身很常见，大多数人也很容易将其与我们的刑事司法制度联系起来，但任意两个人对其含义的描述都不可能相同。联邦最高法院已经承认了这些困难，并对尝试使用比'合理怀疑'一词本身更详细的定义是否有益表示怀疑。"①

总体上，如果美国法官不向陪审团解释什么是合理怀疑，那么只要解释了无罪推定并在解释排除合理怀疑时使用了"合理怀疑"这个术语，就是可以的；而如果法官要解释合理怀疑，则冒着错误解释的风险，在某些法院还可能构成有害错误被发回重审。

2. 适度解释合理怀疑的探索

在美国，法官使用什么术语向陪审员解释合理怀疑，联邦最高法院曾对使用一些具体词语的说明方法提出异议，认为以

---

① United States v. Pepe, 501 F. 2d 1142, 1143 (10th Cir. 1974); Miles v. United States, 103 U. S. 304, 26 L. Ed. 481; Dunbar v. United States, 156 U. S. 185, 15 S. Ct. 325, 39 L. Ed. 390. See again Holland v. United States, 209 F. 2d 516 (10th Cir. 1954).

前曾经有些说法引起严重问题，例如"盖然性证据"或"确定无疑"①，或其他令人困扰的词语，如要求"严重不确定"②。但是对于应使用何种方式予以说明，却并未在判例中提出明确的规则。联邦最高法院在 1994 年重申，《美国联邦宪法》没有规定任何具体形式的词语。③

美国联邦第十巡回上诉法院认为，"虽然'合理怀疑'一词的确切含义可能难以界定，但该词本身并不罕见，而且该词属于普通的日常用法"。④ 如果法官跟陪审员说，合理怀疑这个词和日常生活中的合理怀疑"没什么特别的不同"，虽然算不上不公正的有害错误，也不构成推翻定罪的理由，但也还是不推荐的，最好不要这样跟陪审员解释。"鉴于本巡回区的一些审判法庭明显地频繁使用该说法，我们借此机会表示不赞成日后使用该说法。虽然这种说法的目的只是关于考虑和评估证据，而且看来并没有带来任何严重的误导，但我们认为这个说法并没有为陪审团履职提供任何特别的协助。至少在一些分析家看来，它可能会混淆定罪所需的标准。因此，我们认为最好删除这种说法。"⑤

在美国联邦上诉法院的陪审团说明模板中，所有对合理怀疑或排除合理怀疑的说明都与控方证明责任相联系，与无罪判

---

① Sandoval v. California, 511 U. S. 1101 (1994).

② Cage v. Louisiana, 498 U. S. 39, 40 (1990).

③ Sandoval v. California, 511 U. S. 1101 (1994).

④ United States v. Pepe, 501 F. 2d 1142, 1143 (10th Cir. 1974).

⑤ See United States v. Downen, 496 F. 2d 314 (10th Cir.), filed April 23, 1974. Tarvestad v. United States, 418 F. 2d 1043 (8th Cir.), and United States v. Cummings, 468 F. 2d 274 (9th Cir.).

决或有罪判决的决策相联系，如果控方提供的可采证据不能使陪审员排除合理怀疑相信被告人有罪，陪审员就必须判无罪。

案例1：2023年美国第六巡回上诉法院刑事陪审团说明模板第1.03条"无罪推定、证明责任、合理怀疑"之第4款、第5款中对合理怀疑的解释是：

（4）控方必须在排除合理怀疑的情况下证明所指控罪行的每个要件。排除合理怀疑的证明并不意味着排除所有可能的怀疑。可能的怀疑或纯粹基于猜测的怀疑不是合理怀疑。合理怀疑是基于理性和常识的怀疑。它可能源于证据、证据不足或证据的性质。

（5）排除合理怀疑的证据是指证据如此令人信服，以至于你在作出自己生命中最重要的决定时会毫不犹豫地信赖它并据此行事。如果你确信控方已排除合理怀疑地证明被告人有罪，请作出有罪判决。如果你不确信，请作出无罪判决。

案例2：2022年版第八巡回上诉法院刑事陪审团说明模板第3.11条关于合理怀疑的说法是：

合理怀疑是基于理性和常识的怀疑，而不是基于猜测的怀疑。合理怀疑可能产生于对所有证据的认真和公正考虑，也可能产生于证据不足。排除合理怀疑的证明具有令人信服的性质，以至于一个有理智的人在经过仔细考虑后，在作出人生最重要的决定时会毫不犹豫地信赖该证据并据此行事。排除合理怀疑的证据是让你坚信被告人有罪的证据。排除合理怀疑的证明并不意味着排除所有可能的怀疑。

案例3：2022年版第十一巡回上诉法院司法委员会采纳的刑事陪审团说明模板关于合理怀疑的说明见于其B3。

B3"合理怀疑"的定义

合理怀疑是真的怀疑，是基于你的理性和常识，在你仔细、公正地考虑了该案的所有证据之后的怀疑。"排除合理怀疑的证明"就是如此令人信服的证明，使你愿意在自己最重要的事务中毫不犹豫地信赖它并据以行事。

案例4：2021年版美国第三巡回上诉法院陪审团说明模板中关于合理怀疑的内容见于第一章"开庭陈述之前的预审说明"之"第1.13无罪推定；证明责任；合理怀疑"。①

排除合理怀疑的证明并不意味着排除所有可能的怀疑或达到数学确定性的证明。可能的怀疑或者基于猜想或推测的怀疑不是合理怀疑。合理怀疑是基于理性、逻辑、常识或经验的合理怀疑。合理怀疑是指这种怀疑，它会使普通的理性人对自己人生中的重要事情犹豫不决。它可能来自证据，也可能来自缺乏证据，也可能来自证据的性质。

3. 对合理怀疑的补充说明可能诱导陪审团误判

有些法院的陪审团说明试图在对无罪推定和控方证明责任、排除合理怀疑作出说明后，进一步补充说明合理怀疑，英美法院的大部分陪审团说明对合理怀疑的解释都包含什么是合理怀疑、什么不是合理怀疑以及合理怀疑的来源等。初衷可能是为了使陪审员更明确什么是合理怀疑，但添加了补充说明以后，效果往往适得其反。

（1）添加个人生活重要事务做类比的补充说明。

第六巡回上诉法院的第1.03条、第八巡回上诉法院的第

---

① Model Criminal Jury Instructions, Committee on Model Criminal Jury Instructions Third Circuit.

3. 11 条、第十一巡回上诉法院的第 B3 条对合理怀疑的说明使用了"生活里最重要的决定",并使用"信赖并据以行事"的类似表述,而第三上诉法院则使用了"犹豫不决"的说法。"尽管如此,最高法院在 Holland 案中表示倾向于'犹豫不决'的表述,应重视这一倾向。我们要补充的是,无论是在 Holland 案中还是在 Smaldone 案中,'愿意据以行事'的说法都没有被认定为是可撤销的。"①

英国法官也曾使用个人生活重要事务解释过合理怀疑。当陪审团问起什么是合理怀疑,在律师的同意下,初审法官说:①陪审团不需要是 100% 确定(仅因为提出了具体问题才有意义,具体问题具体分析);②确信和排除合理怀疑是一回事儿;③合理怀疑是那种怀疑,即如果陪审员在自己生活的重要事务中作出决定时可能会影响陪审员意见的那种怀疑。②

1994 年金斯伯格法官(Ruth Bader Ginsburg)曾暗示,人们通常所作的决定与陪审团决定之间存在根本差异。③ 其并不支持第三、第五、第六、第八、第十一巡回上诉法院使用个人生活重要事务类比合理怀疑的说明方式,质疑和反对这种说明方式。1978 年第十巡回上诉法院的判例也批评以个人重要事务对合理

---

① United States v. Pepe, 501 F. 2d 1142, 1143(10th Cir. 1974).

② David Maddison, David Ormerod, Simon Tonking, John Wait, Edited by Martin Picton, David Ormerod, Lynn Tayton, Rajeev Shetty, Jonathan Cooper, David Aubrey, Greg Dickinson, Andrew Smith, The Crown Court Compendium, published June 2018, by Judicial College.

③ Victor v. Nebraska, 511 U. S. 1, 24(1994)(Ginsburg, J., concurring).

怀疑的界定方式。① 马萨诸塞州法院认为将排除合理怀疑的证明责任与作出某些重要个人决定的确定性程度相类比是非常不可取的②，除非该类比明显单独存在，且没有暗示其等同于合理怀疑，否则将构成错误。③ 还有批评意见认为，人们在个人生活重要事务中做决定时并不使用合理怀疑标准。④ 例如，在各种重要生活事务中，一是选择配偶结婚，二是就业。但很多人结婚后离婚、就业后跳槽，有很大的不确定性和风险因素，与陪审员在刑事案件中作出判决的因素并不一致。

（2）添加"发现真相"来进一步补充说明。

马萨诸塞州、南卡罗来纳州、第一巡回上诉法院、第三巡回上诉法院等多个司法辖区的个别法庭对合理怀疑采取了与其他法庭不同的说明方式，其在证明责任的最后，补充告诉陪审员要寻求真相、探求真相、找到真相或者发现真相。⑤ 这种说法的问题在于：陪审团的问题不在于是否相信某事属实，而在于对这事属实有多大信心。

---

① Tillman v. Cook, 215 F. 3d 1116, 1126 (10th Cir. 2000); United States v. Barrera Gonzales, 952 F. 2d 1269, 1271 (10th Cir. 1992); Monk v. Zelez, 901 F. 2d 885, 890 (10th Cir. 1990); United States v. Smaldone, 485 F. 2d 1333, 1347-48 (10th Cir. 1973).

② Commonwealth v. McGrath, 437 Mass. 46, 48, 768 N. E. 2d 1075, 1076 (2002).

③ Commonwealth v. Watkins, 425 Mass. 830, 838, 683 N. E. 2d 653, 659 (1997); Commonwealth v. Rembiszewski, 391 Mass. 123, 129-130, 461 N. E. 2d 201, 206 (1984); Commonwealth v. Fielding, 371 Mass. 97, 116, 353 N. E. 2d 719, 731 (1976); Commonwealth v. Libby, 358 Mass. 617, 621, 266 N. E. 2d 641, 644 (1971).

④ People v. Nguyen, 46 Cal. Rptr. 2d 840, 845 (1996).

⑤ CICCHINI M D. & WHITE L T. White, Truth or Doubt? An Empirical Test of Criminal Jury Instructions [J]. Richmond Law Review, 2016, 50 (4): 1139, 1143.

第五巡回上诉法院称：发现真相意味着要确定控辩双方谁对事件的描述更有可能是真实的，是检察官的还是被告人的，从而暗示了一种优势证明标准。也就是说，如果陪审团认为检察官的说法比被告人的说法更有可能属实，那么在发现真相的过程中，陪审团就有义务将被告人定罪。① 优势证明标准是民事证明标准，在刑事案件中使用则降低排除合理怀疑的证明标准，减轻控方证明责任，摧毁无罪推定原则。

检察官坚决否认发现真相的陪审团说明会减轻证明责任的观点，并认为这不过是辩护律师的胡乱猜测。但是针对模拟陪审团的对照研究发现：第一，发现真相说明的陪审员的定罪率明显高。这一具有统计学意义的发现在后续研究中得到了验证。第二，在后续研究中，在回答定罪后的问题时，发现真相说明的陪审员错误地认为，即使他们对有罪存在合理怀疑，定罪在法律上也可能是正当的。有这种错误认识的人几乎是未使用发现真相说明的陪审员的 2 倍。第三，这种错误认识会导致严重后果：无论使用何种陪审团说明，相信这一点的陪审员给被告人定罪的比例是正确理解控方证明责任的陪审员的 2.5 倍。第四，接受发现真相说明的陪审员与没有接受任何指导的陪审员的定罪率在统计上完全相同。② 基于真相的陪审团说明将控方证明责任降低到了排除合理怀疑标准以下。

（3）通过列举不合理的怀疑来补充说明。

美国第三、第六巡回上诉法院对合理怀疑进一步补充说明，

---

① United States v. Gonzalez-Balderas, 11 F. 3d 1218, 1223 (5th Cir. 1994).

② CICCHINI M D. & WHITE L T. White, Truth or Doubt? An Empirical Test of Criminal Jury Instructions ［J］. Richmond Law Review, 2016, 50 (4)：1139, 1143.

"可能的怀疑或者基于猜想或推测的怀疑不是合理怀疑""可能的怀疑或纯粹基于猜测的怀疑不是合理怀疑"。佛罗里达州列举的不合理怀疑有："合理怀疑不是单纯的可能怀疑、推测怀疑、想象怀疑或强迫怀疑。"① 这些说法的问题在于，通过列举所有这些不应作为无罪释放依据的所谓不合理的怀疑，将举证责任转嫁给被告人。

有的检察官或者法官希望或鼓励陪审团判有罪，而不鼓励判无罪。例如，纽约州的陪审团说明一度警告陪审员不要做一只"软弱、胆小、想避免……给他人定罪的水母"。② 这种对陪审团判有罪的引导可能会影响陪审团的独立判断。

（4）通过列举合理怀疑的来源补充说明。

第六、第八、第三巡回上诉法院列举了合理怀疑的来源，"合理怀疑是基于理性和常识的怀疑。它可能源于证据、证据不足或证据的性质"。"合理怀疑是基于理性和常识的怀疑……可能产生于对所有证据的认真和公正考虑，也可能产生于证据不足。""合理怀疑是基于理性、逻辑、常识或经验的合理怀疑。……它可能来自证据，也可能来自缺乏证据，也可能来自证据的性质。" 这种列举式的解释方法的问题是，它既然不能穷举，也就可能会限制陪审员对合理怀疑来源的判断力。

（5）用"两可结论/合理假设/替代假说"补充说明合理怀疑。

康涅狄格州等的陪审团说明称："如果从证据中可以合理地

---

① Florida Criminal Jury Instruction No. 3. 7 (1997).

② People v. Feldman, 71 N. E. 2d 433, 443 (N. Y. 1947) (disapproving of the jellyfish analogy).

得出两个结论，一个是无罪的结论，一个是有罪的结论，你们必须采纳无罪的结论。"① "排除合理怀疑的证明是指排除了除有罪之外的所有合理假设，并且没有任何其他合理结论。"②

笔者认为，康涅狄格州的这种补充说明有可能不但没有使陪审团更清楚何为合理怀疑，反而对陪审团有误导性，使其注意力偏离了无罪推定和控方证明责任，转而倾向于关注被告人是否能够提出无罪的合理假设，从而将证明责任转移给被告人。尤其是对大多数无辜被告人而言，因其对案件事实一无所知，无法提出合理假设，从而高度依赖辩护律师提出合理假设的履职能力。

（6）使用综合性的方法补充说明合理怀疑。

事实上，很多法院的陪审团说明综合使用了以上两种或者两种以上方法补充说明合理怀疑。例如，威斯康星州使用了个人生活重要事务、寻找真相、列举不合理的怀疑、列举合理怀疑的来源、合理假设等上文提出的所有方法补充说明合理怀疑：

合理怀疑的含义：

合理怀疑一词意指基于理性和常识的怀疑。它是对证据或证据不足进行公平合理的考虑后产生的一种可以给出理由的怀疑。它指的是这样一种怀疑，即当要求一个普通谨慎的人对生活中最重要的事务采取行动时，这种怀疑会使他停顿或犹豫不决。

合理怀疑不是纯粹基于猜测或推测而产生的怀疑。合理的

---

① State v. Griffin, 749 A. 2d 1192, 1197 (Conn. 2000).

② Connecticut Criminal Jury Instructions 2. 2–3.

疑点不是纯粹基于猜测或臆测而产生的疑点，纯粹因为同情或害怕有罪判决而产生的疑点也不是合理的疑点。合理怀疑不是可以用来逃避判决职责的怀疑。

虽然你有责任让被告人受益于一切合理怀疑，但你不应寻找怀疑。你应寻找真相。[①]

威斯康星州的陪审团说明在解释了控方证明责任和排除合理怀疑，并对合理怀疑的含义作了补充说明之后，又增设了"合理假设"以补充说明合理怀疑，陪审团可以根据合理的无罪假设来作出无罪判决：

合理假设：

如果您能够根据证据得出被告人无罪的合理假设，您就应该这样做，并作出无罪判决。[②]

对于合理假设，威斯康星州法院判决作了进一步解释："证据必须排除所有合理的无罪假设才能判有罪这一规则，并不意味着如果审判中提出的任何证据表明被告人无罪，陪审团就不能认定被告人有罪。陪审团的职能是决定哪些证据可信，哪些不可信，以及如何解决证据之间的矛盾。因此，陪审团可以在理智的限度内拒绝接受暗示无罪的证据和证词。因此，有关证据必须排除一切合理的无罪假设才能判有罪的规则，是指陪审团相信并依赖支持其判决的证据。"[③]

笔者认为，像威斯康星州这样对于合理怀疑使用复杂的补充说明，兼容并包，出发点是希望尽可能地让陪审团理解无罪

[①②]　Wisconsin Criminal Jury Instruction No. 140（2023）.

[③]　State v. Poellinger, 153 Wis. 2d 493, 503, 451 N. W. 2d 752（1990）.

推定、控方证明责任、排除合理怀疑等概念；但实际上使用的术语越多，陪审团越容易陷入更深的困惑，而且容易模糊无罪推定、控方证明责任和排除合理怀疑的本意。使用多种方法解释合理怀疑，也结合了各种解释方法的缺点，使陪审员容易在各种不同的解释之间无所适从或被误导。

总之，美国对于排除合理怀疑以及合理怀疑的研究和实践表明，对合理怀疑的补充说明容易引发误导、混淆或者导致被告人因对法官的解释不服而不服有罪判决。对法官而言，似乎相对于不解释来说，对陪审员解释合理怀疑更冒险，对审判公正的收益也不大，甚至对法院的公信力有所影响。

五、对无罪推定的错误认识及其危害

以美国为例，无罪推定作为美国刑事法的基础原则贯穿始终。法庭要对陪审团就无罪推定进行说明，无罪推定可以作为陪审员选任程序中的发问问题，陪审员候选人如果不愿接受无罪推定，则构成控辩双方要求其回避的理由。如果在陪审员选任过程中，法官拒绝提问候选人是否认可无罪推定，将会导致判决被推翻。[1] 作为美国法院陪审团说明的一个重要内容，通常在审判的开始，法官就要向陪审团说明无罪推定。至于法官应如何说明无罪推定，美国司法实践中认为"除非且直到"两个词语能充分地告知陪审员无罪推定[2]，意指无罪推定是指对被告人推定无辜除非且直到控方排除合理怀疑证明构成指控犯罪的

---

① United States v. Blount, 479 F. 2d 650, 651 (6th Cir. 1973).

② United States v. Lopez, 500 F. 3d 840, 847 (9th Cir. 2007).

每一个要素事实。美国联邦第九巡回上诉法院指出，法官在向陪审团说明无罪推定时，"虽然宪法并不要求对陪审团的说明使用任何特定语言，但说明必须传达被告人被推定无辜直到被证明有罪，并且其只能基于排除合理怀疑的证明被定罪"。①

　　直到当今，在全世界范围内，在学术实务两界经常出现对无罪推定的错误理解，所以既要明确什么是正确的理解，也要明确什么是错误的理解。美国联邦第九巡回上诉法院指出："任何对陪审团的说明，如果减轻了控方承担的必要证明责任，都明显与源于宪法的无罪推定不一致。"②此外有些说法是法官不能使用的，如无罪推定"并不必然意味着他是无辜的，但是你有义务给他那个推定"，或者"当然我们知道有些被告人并不是无辜的"。③

　　我国司法实践中也广泛存在对无罪推定的错误认识。例如，"在羁押、侦查、起诉中，警方和检方都是有罪推定的，否则就无法把案件办下去""警方必然推定犯罪嫌疑人有罪，否则侦查就无法继续""检察官必然推定被告人有罪，否则就不会起诉""警察不会乱抓人的，如果他/她没有问题，怎么会单单抓他/她""证据排除规则不是越严格越好，因为放纵了真凶""律师是为坏人辩护"等，这些看法是完全没有把无罪推定作为刑事诉讼的基础来对待，没有将其作为规则体系和权利体系来看待，没有从法治发展和人权保障的角度看待无罪推定。理念上的错误是对贯彻落实无罪推定的最大挑战和最严重障碍，因为理念

---

　　①② Gibson v. Ortiz, 387 F. 3d 812, 820（9th Cir. 2004）, overruled on other grounds, Byrd v. Lewis 566 F. 3d 855（9th Cir. 2009）.

　　③ Williams v. Abshire, 544 F. Supp. 315, 319（E. D. Mich. 1982）, aff'd, 709 F. 2d 1512（6th Cir. 1983）.

错误、认知落后会导致无法认识到无罪推定的价值，更无法在实践中把握和贯彻无罪推定，在办案中遇到问题就会倒向有罪推定。为此，必须更新理念，树立对于无罪推定及其在促进法治发展以及防冤纠错等方面的重大意义的认识。

近年来中央高度重视防冤纠错工作，习近平总书记强调："不要说有了冤假错案，我们现在纠错会给我们带来什么伤害和冲击，而要看到我们已经给人家带来了什么样的伤害和影响，对我们整个的执法公信力带来什么样的伤害和影响。我们做纠错的工作，就是亡羊补牢的工作。"① 党的十八届四中全会也提出了"健全冤假错案有效防范、及时纠正机制"的要求。《刑事诉讼法》第 2 条、第 51 条、第 176 条和《人民检察院刑事诉讼规则》第 2 条、第 63 条等规定，检察院在刑事诉讼中的任务之一是保障无罪的人不受刑事追究，检察人员不仅要依照法定程序收集能够证实嫌疑人、被告人有罪的证据，还要收集无罪证据。检察院认为嫌疑人的犯罪事实证据确实、充分，达到排除合理怀疑的程度，依法应追究刑事责任的，才能起诉。公诉案件中被告人有罪的举证责任由人民检察院承担，不能完成证明责任的案件应作出不起诉决定。此外，检察院受理申诉、对确有错误的生效裁判进行抗诉，对于定罪后案件予以纠错。

可见，我国检察机关负有客观公正义务，负有防范对无辜者定罪的职能和纠错职能。特别是由于认识到认罪案件存在对无辜者定罪的高风险，2019 年最高人民法院、最高人民检察院、公安部、国家安全部、司法部印发《关于适用认罪认罚从宽制

---

① 姜佩杉. 纠正冤错：让百姓重拾法治信心［N］. 人民法院报，2018-12-4.

度的指导意见》，要求对于认罪认罚后仍证据不足的案件作出不起诉决定，第 54 条要求完善检察院对侦查活动和刑事审判活动的监督机制，加强对认罪认罚案件办理全过程的监督，规范认罪认罚案件的抗诉工作，确保无罪的人不受刑事追究、有罪的人受到公正处罚。这些改革措施和法律规定体现了无罪推定的理念和要求，但需要在司法实践中进一步落实。

第二节　与不起诉权相关的理论

目前与不起诉权的行使有关的理论包括起诉法定主义与起诉便宜主义、诉讼目的与诉讼构造论、诉讼经济与诉讼效率论及轻罪治理论。不同的理论影响了对不起诉权的认识，有必要予以辨证分析。

一、起诉法定主义与起诉便宜主义

在遵循无罪推定的基础上，合理行使不起诉权是检察机关充分、科学发挥职能的重要着力点，起诉裁量是不起诉权能否合理适用的关键，是对检察机关专业能力的考验。关于起诉裁量权，有不同的解释。一种认为，检察机关对具备起诉条件的案件作出的一切处理决定都属于起诉裁量的范畴，即提起公诉、作出不起诉，甚至在提起公诉时有条件地变更起诉、减轻控诉罪名或刑罚。① 另一种认为，起诉裁量是经审查起诉后对符合法

---

① 王圣扬，李生斌. 中外公诉裁量制度探析［J］. 安徽大学学报，2001（2）.

定起诉条件的案件基于一定考量作出的不起诉决定，在我国现行立法中表现为酌定不起诉、附条件不起诉、核准不起诉。笔者并不认同以上解释，将另行撰文反驳论证。据《牛津法律大辞典》的解释，裁量"系酌情作出决定的权力，并且这种决定在当时情况下应是正义、公正、正确、公平和合理的。法律常常授予执法者根据情势所需或在规定的限度里行使这种权力"。① 有学者认为，在刑事诉讼发展最初检察机关公诉权的行使多是依法判断，而很少有酌情裁量的空间，起诉法定主义占据绝对地位，只要满足法律规定的条件，检察官必须起诉；反之，则不得起诉。检察官无自行裁量之余地，因此也称为"法定性义务"。② 以上这些看法将不起诉裁量作为起诉便宜主义的具体体现。

大陆法系国家曾一度实行严格的起诉法定主义，否认检察官决定起诉与否的裁量权；而当下大陆法系国家与英美法系国家奉行起诉便宜主义，尤其是英美法国家的检察官对案件享有广泛的裁量权，很少受到限制。③ 在美国，虽然其立法上并无起诉法定或起诉便宜的相关规定，但在实践中检察机关有着广泛的自由裁量权。在美国辩诉交易制度下，检察机关决定是否起诉及起诉罪名、起诉事实的范围，可与辩方协商，以给予被追诉人起诉罪名、起诉罪行、量刑建议、刑罚执行方式、地点等

---

① 戴维·M. 沃克. 牛津法律大辞典［M］. 邓正来，等，译. 北京：北京光明日报出版社，1989：261.

② 林钰雄. 刑事诉讼法（上册）［M］. 台北：新学林出版股份有限公司，2020：54.

③ 王敏远. 刑事诉讼法学［M］. 2 版. 北京：知识产权出版社，2023：596.

程序、实体上充分的优惠为条件换取犯罪嫌疑人的有罪供述或者帮助追诉他人。美国奉行"契约自由"，在此背景下辩诉交易更像控辩双方的一种"互惠合同"。在辩诉交易制度中，美国检察官享有较大的权力，体现在是否提起或者撤销起诉，是否减少数项罪名中的一个或者几个，是否要求法官从轻判处刑罚，也就是说检察官在是否起诉、起诉罪名、罪数和量刑上均享有自由裁量权。对被告人不起诉或者从轻处罚并不完全是根据法律规定，而是由提出指控的检察官基于自由裁量权和控辩协商的结果决定的。因此美国辩诉交易制度作为处理刑事案件，实现审前分流的主要出口，检察自由裁量权已然成为美国检察实践的基本特征。

二、诉讼目的论与诉讼构造论

诉讼目的论一直以来都是刑事诉讼研究领域的一大热点，作为一项基础性理论指导刑事诉讼理念、诉讼制度、诉讼构造的构建与发展。刑事诉讼目的是立法者制定和运行刑事诉讼程序所追求的理想结果或者最终诉求。[①]

曾经在我国的一个历史阶段，作为程序法的刑事诉讼法以惩罚犯罪为首要目的，强调追诉、打击犯罪。《刑事诉讼法》作为刑法实施法的工具价值一度超越了其所具有的独立价值，诉讼目的较为狭窄。20世纪90年代，我国学者开展了关于诉讼目的论的研究，对传统的目的论提出了不同的意见，提出了"惩罚犯罪、保障人权"的刑事诉讼双目的论；又有学者质疑了双

---

① 王敏远. 刑事诉讼法学 [M]. 2版. 北京：知识产权出版社，2023：49-51.

重目的论，认为其并未阐释现代刑事诉讼目的理论的本质特征，特别是仍将惩罚犯罪作为刑事诉讼的首要目的，是对现代刑事诉讼目的理论的重大误读，是有罪推定思想的延续，是导致公权力滥用和冤假错案的理论基础。刑事诉讼的目的应为以正当程序保障人权。①

田口守一曾称："为了实现刑事诉讼法的目的，就要考虑与之相适应的诉讼结构。"② 诉讼结构又称诉讼模式、诉讼构造，主要指控辩审三方的法律地位、权利义务及相互关系。当今世界各国主要的诉讼构造是审判中立、控辩对抗的三角形结构。我国在早期追求"绝对的实体真实主义"影响下，诉讼模式呈超职权主义的"纠问式"倾向，实现实体法功能为唯一目标，主张"有罪必罚"，程序公正的独立价值被架空，被追诉人权利让步于案件事实的发现，由此便放纵了实务中的刑讯逼供，冤假错案便由此而来。侦查、起诉、审判、执行线性的诉讼结构，缺乏对嫌疑人、被告人诉讼主体地位及其辩护权的保障和重视。如今人权保障的地位在学术界日益凸显，保障被追诉人以辩护权为中心的权利成为刑事诉讼重要价值导向，依据无罪推定的要求，检察官起诉的案件必须证据确实充分，足以排除合理怀疑，约束了检察官的起诉裁量权，这是巨大的进步，具有历史性的重大意义。

英美法系国家构建了当事人主义的诉讼模式，强调无罪推定、正当程序和控辩对抗，重视保障诉讼参与人的权利尤其是

① 王敏远. 刑事诉讼法学 ［M］. 2 版. 北京：知识产权出版社，2023：56-59.

② 田口守一. 刑事诉讼的目的 ［M］. 张凌，于秀峰，译. 北京：中国政法大学出版社，2011：1.

深受诉讼结果影响的被追诉人的权利。虽然当事人主义诉讼模式依旧追求查明案件事实，但当事人权利将对程序运行起到约束作用。现代无罪推定原则否定传统纠问式诉讼模式，要求确立被追诉人不自证其罪特权、证据排除规则等相关规则，旨在维护正当程序和保障人权。西方国家对于一些证据确存有疑点的案件出于无罪推定的考虑，对于轻微刑事案件出于对被不起诉人尽早回归社会、恢复性司法等考量，或者出于监禁场所饱和的考虑，检察机关可以作出不起诉决定，而不会被"有罪即罚"的报应刑理念所主导。其刑事诉讼程序的设计更加多元、灵活，检察机关具有较大的起诉裁量权。作为典型混合式诉讼模式的国家，日本在职权主义基础上吸纳了当事人主义的特点，惩罚犯罪与保障人权并重，但当两者出现矛盾时坚持以牺牲惩罚犯罪换取被追诉人权利保障，即采取人权保障优先的处理原则。

刑事诉讼中对被追诉人权利保障的重视为起诉裁量权的存在与发展提供了空间。应当认识到，刑罚处罚并非诉讼的唯一目的，检察机关在行使国家追诉权的同时也应谨防滥权可能，处理好惩罚犯罪与保障人权的平衡关系。盲目追诉犯罪、忽视权利保障、削减不起诉权的适用空间，与现代刑事诉讼目的论存在价值冲突。检察机关要敢用、善用、规范适用不起诉制度，用好起诉裁量权，充分发挥审查起诉环节的程序分流功能。

三、诉讼经济论与诉讼效率论

近年来我国犯罪圈以增设轻罪、调整犯罪构成要件等方式

不断扩大，刑事司法权干预范围延伸，犯罪数量明显增多，"动辄入罪"的负面效应日益凸显。根据《中国刑法统计年鉴》，在我国检察机关审查处理的刑事案件和人民法院审理案件的数量均呈高速增长的趋势，这些稳步增长的犯罪以轻微罪案件居多。国家不惜一切代价追究打击各种犯罪，难免耗费不必要的司法资源。加上经济的发展和科技水平的提升，犯罪的技术手段随之提高，使犯罪行为具备隐蔽性、复杂性、多样性，大大地提升了司法机关调查取证、打击犯罪的难度。员额制限制了法院工作人员的办案资格，检察机关和法院员额人员的增长幅度和速度很低，办案人员的工作量剧增，办案压力很大。2022 年全国法院大约 12 万余员额法官，2021 年人均结案 238 件，2022 年人均结案 242 件，基层法院人均结案 274 件，9 个省的基层法院人均结案量超过 300 件，最高超过 400 件。① 案多人少的矛盾需要一个行之有效的制度进行改善，因而必须设计相关制度推动诉讼资源的有效、科学、合理分配。

　　现代法治的经验表明，实现司法公正必须处理好公正与效率的关系，将公正放在效率的前面，公正优先，兼顾效率。顶层设计或实践改革的完善，都是对公正与效率最佳平衡关系的探索。充分利用司法资源，减少诉讼资源耗费已成社会共识。轻罪立法犯罪圈的扩张是刑法扩张的体现，但是国际经验表明刑法越是扩张，在司法实务中的作用越小，因为程序法自然会削减立法积极扩张所形成的负面影响。

---

　　① 王浩雄，孙嘉怡，杨童宇，杨晨. 最高法：去年全国法院 12 万多名员额法官人均结案 242 件　基层法院人均结案量最高超过 400 件［EB/OL］.［2023－09－02］. https://new.qq.com/rain/a/20230310A02JC200.

　　刑事诉讼对不起诉制度的立法设计旨在停止对证据不足案件的追诉，最大限度降低情节轻微、复杂程度低、不具备追诉必要性的案件在刑事诉讼运行过程中所消耗的司法资源，在追求法的公正价值基础上尽可能节约司法资源，减少诉讼过程中财力、人力、时间成本的投入，是对经济效益和法的效率价值的追求。检察机关在审前程序中应发挥主导地位，充分利用好审查起诉环节在程序运行中的枢纽功能，让部分轻微案件能够尽早脱身于追诉程序，缓解案件数量持续居高位之下司法资源愈发紧张的困境。

四、轻罪治理论

　　我国《刑法》共规定了 483 个罪名，以成文法的形式统一规制了含重罪、轻罪在内的全部罪行。轻罪散落于刑法分则中的各章节，虽然学理上通常以法定刑为界对轻重罪作出区分，但立法层面从未对此问题作出实质性的回应。《刑法》并无关于轻罪的明确概念，也未确立专门的轻罪体系。域外法治国家对刑事制裁体系的设计主要分为两种：一是构建"轻罪、重罪分层式"的刑事制裁结构，根据犯罪的轻重确立对应的制裁制度，以确立专门化的轻罪制裁体系；二是对所有犯罪在整体上构建一个制裁结构，这被称为"平面化"的制裁结构。① 很明显，我国属于"平面化"的刑事制裁结构。因在立法层面缺乏对轻罪、重罪的分层划分，刑罚体系以惩治重罪的监禁刑为主，法定刑设置趋重化明显，轻罪制裁体系立法不足的问题突出。轻罪制

---

① 敦宁. 刑事制裁体系变革论 [M]. 北京：法律出版社，2018：47.

裁体系的缺位，使得后续轻罪的治理欠缺一定的规范基础，自然影响治理成效。

关于轻罪、重罪划分的标准存在着 3 年、5 年之争，以 5 年为重刑起点曾是法院系统沿用已久的不成文规定。但 2020 年时任最高人民检察院检察长张军在《人民检察院关于适用认罪认罚从宽制度情况的报告》中，以 3 年作为轻罪案件的标准，这也是向全社会释放降低轻罪标准的重要信号。检察机关和学界也沿用这一标准。① 因此，笔者依据《全国法院司法统计公报》数据，以宣告刑 3 年为界总结我国 6 年来轻罪犯罪比率，具体比率见表 3-1。

表 3-1　我国 2017—2022 年轻罪比率

年份	生效判决总人数/人	轻罪比率/%
2017	1 270 141	76.71
2018	1 430 091	84.56
2019	1 661 235	83.83
2020	1 528 034	82.19
2021	1 715 922	84.60
2022	1 431 585	85.62

根据 2017—2022 年《全国法院司法统计年报》的相关数据计算可知，我国自 2018 年以来，轻罪案件占比均在 82% 以上，仅 2017 年低于 80%。② 可见，党的十八大以来，随着依法治国

---

① 卞建林. 慎诉的理论展开与制度完善［J］. 法学，2022（10）.

② 2017—2022 年全国法院司法统计公报［EB/OL］.［2023-09-02］. http://gongbao. court. gov. cn/ArticleList. html? serial_no=sftj.

的全面推进，刑事犯罪结构深刻变化，轻微刑事犯罪的占比逐步提高，我国已进入"轻罪时代"。

我国对轻罪案件的治理始终坚持宽严相济的刑事政策，坚持轻罪治理理念的宽、快、轻。近年来，检察机关持续推进认罪认罚，严格适用审前羁押，近年来审查逮捕各类嫌疑人数量整体呈下降态势，不起诉案件数量明显上升，诉前羁押率从 2018 年的 54.9% 降至 2022 年的 26.7%，为有司法统计以来最低；不捕率从 22.1% 升至 43.4%，不诉率从 7.7% 升至 26.3%，均为有司法统计以来最高。①

"少捕慎诉慎押"已由司法理念上升为刑事司法政策，敢用、善用、规范适用不起诉制度成为新时代创新检察工作的重要要求，足以体现检察机关批捕环节、审查起诉环节紧跟国家法治建设步伐和犯罪结构变化的态度与决心，坚持做到惩罚犯罪与保障人权并重。近年来，深入推进涉案企业合规改革，将轻罪治理的新思路延伸至企业犯罪领域，督促企业以"合规整改"换取宽大处理，实现惩罚与治理的并重，取得良好成效。我国刑事诉讼法已初步建立起多层次化的审判体系，对于轻微刑事案件积极推进简易程序、速裁程序实现案件的繁简分流，发挥快速审判优势，推动轻罪案件集中立案、审理、宣判，以节约司法投入。认罪认罚从宽案件适用率稳步提高，案件办理提质升效。诉源治理稳步推进，重视社会矛盾的多元化化解。充分发挥认罪认罚制度、当事人和解制度、司法救助制度在化解社会纠纷方面的积极作用，推动嫌疑人认罪认罚、积极赔偿、

---

① 参见《2023 年最高人民检察院工作报告》。

争取谅解，以实现案结人和。同时新时代"枫桥经验"创新社会群众参与基层治理模式，始终坚持以人民为中心，从根源上依靠群众解决日常矛盾纠纷。轻罪案件的治理逻辑充分融入新时代"枫桥经验"诉源解决纠纷的理念，不拘泥于司法程序，多样化运用调解、和解等手段，发动基层力量，促进社会矛盾的化解，以维护社会的整体和谐。

我国检察机关既是公诉机关也是法律监督机关，其职能构建、权力运用与和谐社会建设紧密相关，在化解社会矛盾、恢复社会关系、促进社会公平正义与和谐稳定方面责任重大。检察机关依法行使不起诉权是检察机关对刑法过度犯罪化立法趋势予以化解的重要手段，是对刑事诉讼有罪即罚的传统理念发挥纠偏功能的重要抓手。不起诉权的适用正是对新时代轻罪治理问题的有效出路，检察机关应充分探索非刑罚化纠纷解决模式，重视刑法挽救功能以宽和、谦抑的方式充分释放司法善意、修复被破坏的社会关系，帮助嫌疑人尽快再社会化。

第四章

● ● ●

域外检察裁量权概要比较

2014 年 9 月 5 日，习近平总书记在庆祝全国人民代表大会成立 60 周年大会上的讲话强调指出，世界上不存在完全相同的政治制度，也不存在适用于一切国家的政治制度模式。"物之不齐，物之情也。"各国国情不同，每个国家的政治制度都是独特的，都是由这个国家的人民决定的，都是在这个国家历史传承、文化传统、经济社会发展的基础上长期发展、渐进改进、内生性演化的结果。习近平总书记强调法治是人类文明的重要成果之一，法治的精髓和要旨对于各国国家治理和社会治理具有普遍意义。我们要学习借鉴世界上优秀的法治文明成果，但是学习借鉴不等于简单的拿来主义，必须坚持以我为主、为我所用，认真鉴别、合理吸收，不能搞"全盘西化"，不能搞"全面移植"，不能照搬照抄。

每个国家的检察裁量权是建立在各自法律文化传统基础上，历经长期发展、回应现实需求演进而来，各有其独特性。本章简要探讨了美国、英国、法国、德国对检察官角色的理解以及检察机关权力结构方面的差异，检察官的产生及角色特点可分为任命制与民选制两种。检察机关权力结构可分为中央集权型与地方分散型两种。各国的相同之处在于，都存在公正、效率、法律的平等保护等多元目标冲突，都存在案多人少的现实问题，在很多方面面临同样的困境。每个国家在相互冲突的目标之间达成平衡的方式，建立和实施政策的机制趋同但也有差异。

当代各国在规范检察官行使的权力和裁量权时需要平衡各

种目标，其中许多目标之间是直接冲突的紧张关系。其一，各国面临案多人少的矛盾，必须追求案件处理的高效率，效率目标可能与案件处理的公正相矛盾。其二，检察官依法应平等对待被告人并尊重其权利，同时还要控制犯罪，预防、减少再犯，并保护被害人的权利。其三，赋予检察机关起诉裁量权的目标还有试图建立和实施关于解决各种社会矛盾和问题、确立执法司法重点和优先事项以及分配资源的最佳政策。其四，检察官的产生机制决定了检察官要对产生他/她的主体负责。例如，美国47个州的检察官为选举产生，这使检察官在政治上或民主上对选民负责，可能会与检察中立原则相抵触。有的国家检察官则来自政治任命，属于行政系统内或高度行政化的职位，则使检察官容易受到行政领导的干涉。

第一节 美国检察裁量权概要

检察官在认为可采证据符合无罪推定和排除合理怀疑的要求后才能起诉，否则不得起诉。检察官可基于其他公共利益而不起诉，这种裁量权是广泛的，检察官有权决定是否起诉以及起诉哪些犯罪，有权与嫌疑人被告人进行辩诉交易，不起诉或者建议较轻刑罚或者不予刑事处罚，条件是嫌疑人被告人承认全部或部分犯罪或较轻的犯罪，或者为控方追诉他人提供帮助。

一、检察官的起诉受无罪推定的严格限制

在检察官行使起诉裁量权的各类根据中，第一类是检察官

决定不起诉的最重要原因，即证据不足。由于无罪推定所决定的控方证明责任，检察官有责任以排除合理怀疑的可采证据证明起诉被告人的每起罪行，否则大陪审团不应作出起诉决定。即使大陪审团和检察官认为证据充分的案件，法官或者陪审团也可能会依据无罪推定判决被告人无罪，使检察官承担败诉的后果。因此，如果没有证据或证据不充分、不可靠，或者证人不可信，检察官大概率不会冒着职业风险决定起诉。第二类是在证据足以排除合理怀疑时，检察官可以裁量决定不起诉或者起诉，或者起诉部分罪行，或者提出认罪协议以便与被告人方进行辩诉交易等。

在美国，无罪推定原则要求检察官以可采证据证明被告人犯罪的每一个事实要素做到排除合理怀疑，联邦成文法和司法部政策要求检察官起诉首先需要满足证据要求。

美国《联邦刑事诉讼规则》第29（a）条要求检察官起诉需要有足以定罪的证据，在法官将案件提交陪审团之前，法官可自行决定或应被告人申请，对证据不足准备定罪的案件直接判决无罪。① 美国司法部2023年更新的《检察官手册》第9-27.220条对起诉证据的要求是检察官认为在审判时能够收集到足以公正定罪的可采证据；在检察官决定是否起诉时，如果他本着合理和真诚的信念认为，在审判时能够把这些可采证据拿到手，那么他不一定非得在起诉时拿到他打算在审判时使用的所有证据。② 例如，即使关键证人可能不在美国，只要本着善意

---

① See Federal Rules of Criminal Procedure, 29 (a).
② Justice Manual (JM) 9-27.220.

相信、可以合理地预期证人出庭，即可起诉。① 《美国律师协会刑事司法标准之起诉职能标准》（以下简称《起诉职能标准》）第3.4.3（a）（b）条规定了提出和支持公诉的证据要求，只有在检察官合理地认为并继续相信起诉有合理根据支持、可采证据足以排除合理怀疑地证明有罪，才能提起并支持公诉。如果检察官对被告人的罪行或证据的质量、真实性、充分性有重大怀疑，应向其上级汇报，以决定是否继续起诉；如果检察官认为被告人无辜，则无论证据状况如何都不应起诉。②

除了法官、陪审团实行无罪推定、适用排除合理怀疑的证明标准限制检察官对证据不足的案件提起公诉之外，《美国宪法第5修正案》规定，"除非有大陪审团的传票或起诉书，任何人不得因死罪或其他重罪受审"。大陪审团源于1215年英国大宪章。美国联邦大陪审团程序适用于一年以上重罪案件的嫌疑人。嫌疑人可放弃大陪审团程序，转而由检察官起诉书起诉。大陪审团由从选民名单中随机抽取的人组成，法官主持选任程序产生23人作为大陪审团成员。大陪审团认定是否有合理根据相信发生了犯罪行为，判断控方证据能否排除合理怀疑，嫌疑人是否应因指控罪行受到审判，如应起诉则由检察官制作起诉书并经检察官签字后提起公诉。大陪审团不负责确定嫌疑人是否有罪，而只负责确定是否有足够的证据证明有合理根据对其提起公诉、将其交付审判。大陪审团具有盾剑两面性，一方面保护公民免受无理或不当起诉并保护无辜者不受追诉；另一方面授

---

①　除非：（1）起诉对联邦没有实质性利益；（2）该人在另一司法管辖区受到有效起诉；或（3）存在适当的替代起诉的非刑事措施。

②　ABA Standards for the Prosecution Function.

权控方起诉嫌疑人。检察官向大陪审团提交证据，建议传唤哪些证人和出示哪些书面证据，如果大陪审团认为有必要，可以要求传唤更多证人。大陪审团听取证人的证词、审查文件或其他证据，证人在出庭作证时，由大陪审团首席陪审员主持宣誓或其缺席时由副首席陪审员主持宣誓。然后对证人进行询问。通常首先由检察官向证人提问，然后由大陪审团首席陪审员提问，然后其他成员可以向证人提问。证人有权援引不自证其罪特权。提问需与案件有关且恰当，如发生争议，可咨询检察官，或者提请法官裁判。在大陪审团程序中，只有大陪审团、检察官、接受询问的证人、法庭记录员和翻译（如需要）可以在场。嫌疑人及其证人通常不出席大陪审团程序，因其享有不自证其罪特权。如果大陪审团试图强迫嫌疑人出庭作证，则起诉可能会无效。大陪审团如果希望要求或允许嫌疑人出庭作证，应先与检察官协商，必要时还应与法院协商。即使嫌疑人自愿作证，第一要告知其有不作证的权利，其二其必须签署一份正式的弃权声明。大陪审团在对起诉书进行表决时，只能考虑在大陪审团会议室内向大陪审团提交的证据，只能有大陪审团成员在场，每个人有发表意见的机会，然后进行投票，获得23人中的12票及以上方可决定起诉。检察官和其他任何人不得在场，否则可能使起诉书无效。大陪审团或其首席陪审员或副首席陪审员将向法院书记官、法官或治安法官报告是否起诉的决定。大陪审团的保密传统一直是大陪审团制度的重要组成部分，一是使大陪审员免受嫌疑人方的压力，二是防止嫌疑人逃跑，三是鼓励证人如实作证，四是避免公众对嫌疑人产生偏见。除非法院下令，否则不得询问大陪审员说了什么或他们是如何投票的。① 法官和辩护律师不能出席大陪审团调查程序。

依据《联邦刑事诉讼规则》第5.1条的规定，联邦重罪案件，或由大陪审团或由预审法官判断起诉是否有合理根据。如果重罪案件的被告人不认罪，且未经大陪审团起诉的，则由治安法官主持预审判断检察官的起诉证据是否有合理根据，控辩双方对控方证人、证据进行交叉质证，同时允许在预审中出示在审判中不能向陪审团出示的非法取得的证据。被告人可以选择放弃预审。被告人被羁押的，预审须在逮捕或初次出庭后14天内举行；被告人被保释的，须在逮捕或初次出庭后21天内举行预审。如果法官认为有合理根据相信被告人实施了犯罪，则安排审判日期。如果法官认为证据不能证明被告人犯罪的，则会驳回起诉。

除联邦之外，美国所有的州都规定了大陪审团程序，但半数的州除了在非常严重的犯罪案件中使用大陪审团外，通常使用预审程序审查检察官提交的案件是否有合理根据。

在被告人认罪的辩诉交易案件中，检察官起诉仍必须符合起诉的证据要求，否则辩护律师不得建议被告人认罪，法官对不能通过事实基础审查的案件，也不得接受认罪协议。对于认罪的辩诉交易案件，法官需要确认被告人是否是在律师有效辩

---

① Federal Grand Juror's Handbook, Published by the Administrative Office of the United States Courts.

护下知情自愿地认罪①，并审查认罪协议是否有事实基础②，一是避免对无辜者定罪，二是确保罪名与罪行一致，三是尽可能做到罚当其罪。自1966年起，美国联邦最高法院通过判例确认沉默权和律师在场权、重罪案件法律援助律师辩护权。③ 自1972年起，美国要求对判处自由刑的刑事案件给予法律援助律师辩护。④ 自1984年起，联邦法院确立了审查与救济有效辩护的两步法判断标准即无效辩护的识别标准和救济。⑤ 自2012年联邦最高法院再次对在辩诉交易中律师辩护权受到侵害的被告人予以撤销原判发回重审的救济。⑥ 在有效辩护之下自愿当庭认罪作有罪答辩是被告人对自己的有罪判决，"有罪答辩本身是一个有罪判决，像陪审团的有罪裁定一样，是确定性的、结论性的、最终的。法院只需要写有罪判决和量刑。法院不应当采纳有罪答辩，除非被告人是在获得合适的律师咨询建议并且完全理解后果后作出"。⑦ 所以，在辩诉交易认罪案件中，排除合理怀疑

---

① See Kercheval v. United States, 274 U. S. 220（1927）；Brady v. United States, 397 U. S. 742（1970）；Federal Rules of Criminal Procedure, Rule 11（b）（2）；ABA Criminal Justice Standards：Pleas of Guilty, 14-1.5.

② See Federal Rules of Criminal Procedure, Rule 11（b）（3）；ABA Criminal Justice Standards：Pleas of Guilty, 14-1.6.

③ Miranda v. Arizona, 384 U. S. 436（1966）.

④ Gideon v. Wainwright, 372 U. S. 335（1963）；Argersinger v. Hamlin 407 U. S. 25（1972）. 1972年阿杰辛格（Argersinger）案中明确：在1963年的吉迪恩案中，联邦最高法院要求在重罪案件中为贫困被告人提供免费辩护；但无论重罪还是轻罪案件，所有受到刑事起诉的被告人，如果没有律师辩护，就不得判处自由刑。

⑤ Strickland v. Washington, 466 U. S. 668（1984）.

⑥ Missouri v. Frye, 566 U. S. 134（2012）；Lafler v. Cooper, 566 U. S. 156（2012）.

⑦ See Kercheval v. United States, 274 U. S. 220（1927）. 转引自：祁建建. 认罪认罚冤假错案预防机制研究［M］. 北京：中国政法大学出版社，2021：84-87.

的保障机制是被告人在保释权、沉默权、律师有效辩护等权利保障和救济之下的认罪自愿性。

二、不起诉的公共利益因素

在美国，利益衡量是重要的法律原则，适用于检察官作出是否起诉的决定。美国司法部《检察官手册》（*Justice Manual*）及美国律协起诉职能标准①对此都有所规定。

依据《检察官手册》第 9-2.001 条、第 9-27.220 条、第 9-27.250 条、第 9-27.230 条，检察官在其辖区内对联邦刑事案件拥有全权授权，享有为履行起诉犯罪的法定义务所需的权力。检察官根据法规和总检察长的授权在行使此类权力时拥有最广泛的自由裁量权，包括不起诉的权力。检察官认为行为构成犯罪且符合证据要求后，还要评估是否有适当的非刑事方案替代起诉。确定起诉的非刑事替代方案时，应全面考虑有关替代方案的所有因素，包括：（1）可以采取的制裁或其他措施；（2）实施有效制裁的可能性；（3）非刑事处分对联邦执法利益的影响；（4）被害人的利益。检察官的起诉需符合联邦重大利益，需要考虑的联邦重大利益因素包括但不限于：（1）联邦执法优先事项及其举措或行动；（2）罪行的性质和严重性；（3）起诉的威慑作用；（4）嫌疑人的罪责；（5）嫌疑人的犯罪历史；（6）嫌疑人愿意配合对他人的侦查或起诉；（7）嫌疑人个人情况；（8）被害人的利益；（9）可能的刑罚或其他后果。

美国律协《起诉职能标准》第 3-4.4 条也明确指出，检察

---

① Fourth Edition (2017) of the Criminal Justice Standards for the Prosecution Function.

官没有义务起诉所有有证据支持的罪行，即使符合证据要求，也不一定起诉，因为接下来还应考虑：（1）指控强度和定罪可能性；（2）检察官怀疑被告人事实上是无辜的；（3）犯罪行为造成的损害及其大小；（4）诉或不诉对社会公益的影响；（5）嫌疑人的背景和品格，包括自愿悔过或改过自新的努力；（6）可能的惩罚或附随后果与嫌疑人及其罪行是否成比例；（7）被害人或举报人、控告人的意见和动机；（8）警方或者其他执法部门有无任何不当行为；（9）对同等情况的人给予不同待遇是否不当；（10）对包括证人或被害人在内的第三方可能产生的影响；（11）嫌疑人帮助抓捕或判处他人；（12）文化、族裔、社会经济或其他不当偏见的影响；（13）法律或政策的变化；（14）公平有效地分配有限的检察资源；（15）被其他辖区起诉的可能性；（16）采取现有的民事、行政或私下措施可否保护案件中的公共利益。

可见，对于有足够证据的罪行，美国司法部的刑事政策并不认为起诉总是最佳的应对方式，仍要综合考虑宁纵毋枉、司法资源、刑事执法、嫌疑人和被害人等的具体情况及其中所蕴含的公共利益。如果能实现比起诉更好的效果或者足以维护公共利益，那么有的案件可以直接销案，有的案件可以适用诉前或者诉后分流，包括但不限于对公司和个人在起诉后使用延期起诉协议，或在起诉前订立不起诉协议，如责令嫌疑人赔偿、提供社区服务，或执行康复计划、合规计划等。

不同的州的起诉政策有所不同，各州和各地检察官可制定本地政策。由于每个检察官所理解的公共利益不同，制定的起诉政策带有浓重的个人色彩。有的地方检察官的起诉政策不符合公众期待，普通民众会感到公共利益没有保障，安全与秩序受到威胁，如 2022 年 6 月旧金山时任检察官切萨·布丁（Chesa Boudin）的起诉政策过于宽松，犯罪率高发，市民投票将其罢免。[1] 为了制约检察裁量权，美国纽约州、加利福尼亚州、科罗拉多州、得克萨斯州等许多州及华盛顿特区均对家庭暴力案件制定了不放弃起诉或称强制起诉政策，检察官必须作出起诉决定。[2]

三、检察官的产生与责任机制

美国实行联邦制，宪法在联邦和州之间划分权限。联邦政府和各州都有权制定刑法和刑事诉讼法，界定和惩治犯罪行为。这意味着联邦和州之间以及各州之间检察政策不太可能是相同的，这是立法者设计且允许的。检察官产生机制的不同也增强了这种不一致。例如，州检察官的选举制增强了检察官制定地方检察政策时向选民负责的机制，联邦检察官的任命制则使检察官向领导人负责。分散的检察权和不同的检察官产生机制导致检察政策的差异。

联邦检察官的职责是"忠实执法"，在美国范围内执行联邦法律，是所在地区的首席联邦执法官员，也参与美国作为一方当事人的民事诉讼。总统提名、参议院投票决定 94 个联邦地区的 93 名检察官，其中关岛和北马里亚纳群岛两个地区由一人担任检察官。联邦检察官实行任命制，向总检察长报告工作。联

---

[1] Brandon Gillespie, Thomas Phippen, Louis Casiano, Progressive San Francisco DA Recalled by Voters in One of Nation's Most Liberal Cities, Fox News, June 8, 2022.

[2] DECARLO A. No Drop Prosecution & Domestic Violence: Screening for Cooperation in the City that Never Speaks [J]. Journal of Law and Policy, 2016, 25 (1): 357.

邦系统虽然为 94 个司法区的美国检察官分配了很大的裁量权，但也在死刑等案件中力求执行统一的起诉政策，从而在检察权力结构和行政机制之间力求取得某种平衡。

对于州检察官，除阿拉斯加、康涅狄格和新泽西外，其他 47 个州实行选举制。新泽西州经参议院同意后由州长任命，阿拉斯加州由检察长任命，康涅狄格州由委员会任命。选举制的制度设计是：选举制决定检察官参选时必须考虑选民的接受程度，并在当选后制定检察政策时顺应选民意愿。检察官之所以享有极大的权力，能够决定何时起诉、起诉哪些罪行以及在辩诉交易中采取宽严相济的政策，部分原因就在于权力来源于选民，要对选民负责。大多数州的选举为直接选举的普选制，选民对检察官裁量权有一定的制衡能力。选举制不是万能的，其制度设计的初衷是将尽可能多的职权交给人民决定，借此由人民控制权力机构，避免同一精英长期掌握权力。但现实是 95% 的检察官是白人，95% 的检察官赢得连任选举，超过 2/3 的选区只有一名候选人。①

美国在国家层面没有对检察政策的统一要求。除受无罪推定的严格限制外，检察官在联邦与州检察权分离的系统中拥有广泛裁量权。检察政策反映当地情况和不同州、州内不同市县选民的喜好，从而因地而异。这些地区性差异被认为符合联邦制和民主责任制，是一种基于民主价值观的理解，每个选区都是检察政策的民主试验区，在美国得到广泛地接受和认可。

---

① The Prosecutors and Politics Project. National Study of Prosecutor Elections ［R］. Chapel Hill：University of North Carolina School of Law，2020.

在美国，每个检察官办公室都有自己的聘用程序和标准。检察官必须具有法律学位，但不需要专门的培训。一般认为，刑事起诉不是独立的业务，许多诉讼律师在检察官办公室工作一段时间即可获得法庭经验，并且大多数检察官办公室的人员流失率较高。

四、美国检察裁量权的突出特点

从比较的角度来看，美国检察裁量权有其鲜明的特点。从典型判例来看，更可见其法院对于检察裁量权的论证逻辑和鲜明态度。

第一，在检察权力机构和检察体制上，检察机关是民主机制的产物，检察权力是刻意分散化的，没有中央集权，也无法形成中央集权的趋势。一是美国实行联邦制，司法区分为联邦和州两个体系，联邦和州的检察系统各自执行各自的宪法、刑法和刑事诉讼法。联邦和州之间划分检察权，各自制定其起诉政策。二是州刑事案件占绝大多数，因此多数检察权力由各州内 2300 多名首席检察官行使，其一般由县级选举产生。当选检察官要顺应其选举地的民意，这导致每个检察办公室各有其不同的工作重点、程序、政策和做法。三是联邦检察官的起诉权属于行政权力和行政职能，每个地区的总检察长和检察长来自总统的政治任命，因此与政治责任结构密切相关。关于政治影响检察政策的可能性，以及关于由于执法重点的差异而导致对相似案件的不同处理以及程序因地而异等，是备受关注的主题。

第二，美国检察官虽受无罪推定的严格限制，起诉不能任意，但在分散的系统中拥有广泛的不诉和辩诉交易权力，赋予

检察官广泛的裁量权。通过检察机关的裁量权减少起诉案件的数量，通过辩诉交易减少陪审团审判的案件数量，美国刑事司法系统有效地处理了大量刑事案件。

第三，在美国做检察官不需要参加专门的统一的培训，检察权力的分散性和广泛性难免造成办案中平等适用法律的差异，引发人们对类案能否同判的担忧。为此，联邦检察体制也提供了某种内部集权机制，针对有限的案件实行统一、集中的办案方式。例如，联邦检察系统中起诉的所有死刑案件都需要总检察长批准。

第四，美国检察权作为行政权与法院司法权分立制衡，除非起诉，否则裁量权不受司法权的限制，通常不受法院或法官审查。例如，在州法上，纽约州法律赋予检察官在具体案件中决定不起诉的自由裁量权，州法院无权对此进行审查。① 在联邦法上，根据联邦判例法，分权原则是限制法院审查检察官不起诉决定的根本基础。② 现代美国判例法上的分权原则要求法官允许检察官行使广泛的不起诉裁量权。"作为律师协会成员，美国联邦检察官还是法院官员，他也还是政府的行政官员。作为行政部门的官员，其可以自行决定是否在具体案件中提起诉讼。因此，作为宪法上的分权事项，法院不应干涉联邦检察官在刑

---

① Hassan v. Magistrates Court, 20 Misc. 2d 509, 191 N. Y. S. 2d 238 (1959), appeal dismissed, 10 A. D. 2d 908, 202 N. Y. S. 2d 1002 (2d Dept.), leave to appeal denied, 8 N. Y. 2d 750, 201 N. Y. S. 2d 765, cert. denied, 364 U. S. 844, 81 S. Ct. 86, 5 L. Ed. 2d 68 (1960).

② See Inmates of Attica Corr. Facility v. Rockefeller, 477 F. 2d 375, 379 (2d Cir. 1973).

事诉讼方面自由行使裁量权。"①

对那些被控告违反联邦和州刑法的人，经被害人的请求，联邦法院是否应当强制联邦和州进行侦查和起诉，第二巡回上诉法院给出否定答复，除了以分权原则为基础之外，还指出法院成为超级检察院、法官成为超级检察官并不可取，有害无益。其一，鉴于起诉政策赋予检察官裁量权，裁量起诉需要考虑许多难以衡量的因素，这不容易受到司法监督。其二，由于缺乏对起诉裁量权的审查标准，对于起诉过程中固有的问题，法院缺乏监督能力且也不适合监督，法院也解决不了这些问题。其三，由于是否起诉的裁量规则并不十分具体，如果说检察裁量权具有任意性，那么法院的决定也不可避免的具有任意性。其四，向法院提起的有效投诉需要使投诉人有权阅卷，这破坏了大陪审制要求的档案的秘密性，使被告人的声誉容易受到不当影响。②

五、检察裁量权广泛

在美国，检察官广泛的自由裁量权有许多优势，最显著的优势是促进了司法经济。法庭排期冗长，司法资源有限，因此检察官决定是否及何时起诉嫌疑人，以及与嫌疑人被告人进行辩诉交易使检察官不仅可以减轻自己的起诉负担，还可以减轻法院和法官的审理及判决负担。第二个优势是在认罪协议案件中，检察官不起诉、减轻求刑、减少起诉罪行或者缩减限制起

---

① United States v. Cox，342 F. 2d 167，171（1965）.

② See Inmates of Attica Corr. Facility v. Rockefeller，477 F. 2d 375（2d Cir. 1973）.

诉犯罪事实的范围，换取嫌疑人被告人向检察官提供实质性帮助，为控方提供他人犯罪的线索或者作为控方证人证明他人有罪，整体上促进了对犯罪的控制。

美国刑事诉讼法对检察官自由裁量权的限制主要针对起诉决定，且主要源于其他法律领域，如宪法上的平等保护、正当程序、无罪推定。对于检察官打破底线构成的检察不当行为，需要对被告人予以救济。

检察官自由裁量权是检察官个人的个性化决策，具有天然的主观性，故意甚至无意中的个人信念和偏见都可能会影响其起诉决定，但是侵犯宪法权利的裁量因素不被容许。如选择性起诉，即检察官根据被告人的种族或社会地位等法律不容许的因素来决定是否起诉以及起诉哪些犯罪。选择性起诉是司法现实中客观存在的问题，违反了美国《宪法第十四修正案》的平等保护条款。对此，嫌疑人被告人可以用作辩护理由，辩护时必须证明，检察官出于歧视目的，且产生了歧视性效果。在证明歧视性效果时，被告人需要证明的是，犯罪相同或类似但不同种族或阶层等的人未被起诉。鉴于大多数案件都有独特的案件事实，检察官可以通过多种方式主张本案罪行值得起诉，而其他案件的犯罪事实则不值得起诉

第二节　英国的起诉裁量权

英国检察裁量权有鲜明的特色。其一，起诉权由检方、警方及多个部门之间分散行使。其二，对案件的审查起诉分为两

个阶段，首先要审查证据，其次要审查公共利益。

一、分散的起诉权

英国检察官不垄断公诉。警方、检察署、若干政府部门、个人分散享有起诉权。

英格兰和威尔士检察署（CPS）是由 1985 年《犯罪起诉法》创设的机构，其所建立的是以中央为基础的检察机关，其目标之一是为了促进起诉政策的一致性。检察署现有 14 个地方机构，负责起诉地方的案件。英格兰和威尔士检察总长是首相任命的法律官员，不是内阁成员，但按惯例出席内阁会议。起诉是检察长的职能，每一个检察官在遵照检察长的指示起诉和进行诉讼方面拥有检察长的所有职能。

1985 年《犯罪起诉法》仍保留了私人起诉的自诉和警方的起诉权，保留自诉是历史性的宪法权利，为了在国家不行动时自力救济。此外，还有些案件由其他部门起诉，如重大复杂诈骗案办公室侦查和起诉重大复杂诈骗案，税务海关检察署起诉税务海关案件，地方政府起诉福利诈骗案，环境部门起诉环境污染案件，健康与安全管理部门起诉工作场所的安全案件、健康与伤害案件及雇主违反健康与安全法的案件，护理质量委员会对违反基本标准的护理提供者提起刑事诉讼。[①] 任何成年人都有权向治安法院申请提起自诉，但是最终可能在刑事法院审理。检察署有权在任何阶段接管自诉案件。

---

① REINER R. The Politics of the Police ［M］. 4th ed. Oxford：Oxford University Press，2010：67.

2003 年英国《刑事司法法》赋予检察长一项权力，即制定和公布警察、检察官都必须遵守的《检察长起诉指南》。就警检起诉分工而言，《检察长起诉指南》列出了警察可以起诉的犯罪和必须由检察官作出起诉决定的犯罪。警方只能向治安法院起诉，治安法院仅管辖最高 5000 英镑罚金和 6 个月自由刑，以及数罪不超过 12 个月的轻微案件。刑事法院对更严重的案件有管辖权，这些案件仅能由检察机关起诉。2007 年，警方起诉的案件占 65%，[①] 而在 2013 年，警方起诉了 71.5% 的案件。[②] 检察官负责在较严重和复杂的案件中作出是否起诉的决定，如致人伤亡、家庭暴力、跟踪骚扰、暴力骚乱及恐怖活动、嫌疑人或被害人是未成年人的性犯罪等案件。警方对这些案件无权决定起诉，必须提交检察官决定。2020 年 4 月至 2021 年 3 月，英国检察署负责对约 37% 的案件决定是否起诉，警方起诉了约 63% 的案件。[③] 2021 年 4 月到 2022 年 3 月，英国刑事司法系统处理了 133 万件刑事案件，比上年度增长 21%，比 2019 年度的 156 万件减少 12%。起诉比 2020 年度增长 27%，定罪增长 31%，分别比 2020 年低 14% 和 13%。9% 的被告人被审前羁押，其中治安法院案件的审前羁押率为 4%，刑事法院为 38%，与 2020 年基

---

① The Director's Guidance on Charging, 5th edition, May 2013 [EB/OL]. [2023-06-10]. http://www.cps.gov.uk/publications/directors_guidance/dpp_guidance _5.html.

② Crown Prosecution Service, Annual Report and Accounts 2012-13 [EB/OL]. [2023-06-10]. http://www.cps.gov.uk/publications/docs/annual_report_2012_13.pdf.

③ Crown Prosecution Service Annual Report and Accounts 2020-2021 [R/OL]. [2023-06-10]. https://www.cps.gov.uk/sites/default/files/documents/publications/ CPS-Annual-Report-and-Accounts-2020-21.pdf.

本一致。刑事法院审理案件的平均刑期为 25.7 个月，高于 2020 年的 16.8 个月。①

二、证据审查阶段

在英国，证明被告人有罪的刑事证明责任由控方承担。2018 年第 8 版《刑事检察官守则》第 4.6 条至第 4.8 条规定，检察官起诉必须先达到证据阶段的要求。具体包括：

（1）检察官必须确信有足够的证据证明对嫌疑人的起诉有定罪的现实前景；必须考虑可能的辩护理由及其对定罪前景的影响；证据审查不过关的案件，无论多么严重或敏感，都不得继续进行。

（2）现实的定罪前景是基于检察官对证据的客观评估，包括辩护的影响，以及嫌疑人可能提出或使用的其他信息；现实的定罪前景意味着一个客观、公正、理性的陪审团或由法官组成的法庭更有可能判被告人有罪，而不是判无罪；检察官起诉的证据要求不同于刑事法院的定罪证明标准，法庭只有在确信被告人有罪的情况下才可定罪。

（3）评估是否有足够的证据起诉时，检察官应考虑证据的"四性"，即可采性、可靠性、可信性、充分性。可采性包括以关联性和其他排除规则为基础的可采性和重要性；可靠性包括准确性和完整性；可信性要看是否有理由怀疑证据的可信度；充分性是指是否有可能影响证据充分性的其他材料。

---

① ［2023 - 09 - 20］. https://www.gov.uk/government/statistics/criminal - justice - system-statistics-quarterly-march-2022/criminal-justice-statistics-quarterly-march-2022-html #1.%20Overview%20of%20The%20Criminal%20Justice%20System.

2020 年第 6 版《检察长起诉指南》第 5.2 条对证据阶段的审查再次强调证据的"四性",其第 5.3 条要求检察官和警察能够解释为什么法庭更有可能定罪;第 5.4 条则重申,对于达不到证据要求的案件,无论多严重、多敏感,都不得继续办理。

英国对刑事案件的普遍法律援助、控方会见时辩方律师在场、出庭律师的角色可能在控方律师或辩方律师之间转换①等制度,决定了定罪的现实前景对起诉证据阶段审查的高要求。从定罪率数据看,英国司法部 2010 年发布的陪审团审判数据表明,伤害案的定罪率约 52%,杀人案的定罪率仅有 63%,各类犯罪的定罪率均低于 80%。② 2017 年亚裔涉嫌刑事毁坏案件的定罪率仅有 49.6%。③ 全英自 2009 年至 2017 年起诉后的定罪率从 79.8% 升至 83.7%,④ 2020 年 4 月至 2021 年 3 月定罪率约 83%。⑤ 英国近年来因受困于证据而销案的案件比例呈现上升趋势,2020 年 4 月至 2021 年 3 月警方办理的案件 40% 因证据困难而

---

① 出庭律师既可以作为控方律师出庭,在其他案件中也可以作为辩方律师出庭。Irwin M. Book Review: The Secret Barrister: Stories of the Law and How It's Broken [J]. Probate Law Journal, 2018, 65(4): 455-456; MCMAHON Ⅱ W C. Declining Professionalism in Court: A Comparative Look at the English Barrister [J]. Georgetown Journal of Legal Ethics, 2006, 19(3): 845.

② THOMAS C. Are Juries Fair? (Ministry of Justice Research Series 1/10) [EB/OL]. (2010-02-01) [2023-03-22]. https://www.justice.gov.uk/downloads/publications/research-and-analysis/moj-research/are-juries-fair-research.pdf.

③④ Ministry of Justice. Prosecutions and Convictions [R/OL]. (2020-09-15) [2023-03-20]. https://www.ethnicity-facts-figures.service.gov.uk/crime-justice-and-the-law/courts-sentencing-and-tribunals/prosecutions-and-convictions/latest/.

⑤ Crown Prosecution Service Annual Report and Accounts 2020-2021 [R/OL]. [2023-06-10]. https://www.cps.gov.uk/sites/default/files/documents/publications/CPS-Annual-Report-and-Accounts-2020-21.pdf.

销案，2019 年为 35%，2014 年 4 月至 2015 年 3 月为 17%。① 可见，检察官遵循控方证明责任与排除合理怀疑的要求，充分考虑律师辩护，判断证据"四性"，衡量定罪可能性。由于法庭定罪率不高，检察官对证据的判断必须十分慎重。

三、公共利益审查阶段

在英国，自始至终不曾存在像德国《刑事诉讼法》第 152 条所要求的只要构成犯罪且有充分证据就必须起诉的规定和传统。1951 年时任英国司法部长就提出，"这个国家从来没有——我希望永远不会——使可疑的刑事犯罪必须自动成为起诉的对象""只有犯罪或犯罪的情节似乎具有为了公共利益而需要对其提出起诉的性质"，才应当起诉。②

2020 年第 6 版《检察长起诉指南》第 5.1 条至 5.13 条重申，证据阶段和公共利益阶段，是英国检察官作出起诉决定的两个审查阶段。2018 年《刑事检察官守则》第 4.9 条要求除了满足证据阶段的标准之外，起诉还需要考虑公共利益。"在有足够证据证明有理由起诉的案件中，检察官必须继续考虑是否有为公众利益而起诉之需要。"第 4.10 条则明确指出："从来没有规定一旦达到证据要求就自动起诉。"关于证据和公共利益两个阶段的关系，《检察长起诉指南》第 5.7 条指出，在大多数情况

---

① Home Office. Crime outcomes in England and Wales 2020 to 2021 ［R/OL］. (2021-07-22) ［2023-03-20］. https://www. ons. gov. uk/peoplepopulationandcommu-nity/crimeandjustice/bulletins/crimeinenglandandwales/yearendingdecember2021#: ~ : text = The% 20police% 20recorded% 206% 20million, the% 20year% 20ending% 20December% 202020.

② HC Deb 29 January 1951, vol 483, col 681.

下，检察官应在考虑是否有足够的证据进行起诉后，才考虑起诉是否符合公共利益；但是，在某些情况下，在审查所有证据之前，很明显公共利益不需要起诉，那么检察官可以决定不应继续追诉。

至于检察官起诉需要考虑的公共利益，依据《刑事检察官守则》第4.14条的规定，主要有：（1）罪行的严重性，包括嫌疑人的罪责、年龄和造成的伤害；（2）对社会的影响；（3）起诉是否与结果相称，包括成本和案件的有效管理，如避免过高的成本和过长的复杂程序；（4）证据和信息来源是否需要保护，如秘密侦查、国际关系或国家安全细节。第10.3条规定了涉被害人的权利对检察官不起诉的约束，根据《被害人复核权计划》，被害人可以要求复核检察署不起诉或者停止起诉的某些决定，其中蕴含了需要通过起诉保护的公共利益。

检察官基于公共利益可进行诉讼分流，以任何适当的行政管理程序、惩罚性或民事处罚或其他处置取代起诉。《刑事检察官守则》第7.1条规定，如果庭外处置是对犯罪者和/或犯罪行为的严重性和后果的适当回应，则庭外处置可以取代起诉。《检察长起诉指南》第4.13条规定，对于警方起诉的案件，如果检察官认为满足庭外分流适用条件的，可授权警方庭外分流。《刑事检察官守则》第7.2条规定，检察官在被要求就庭外处置提供意见或授权时，必须遵守相关处置的规定，应确保满足具体庭外处置的适当证据标准，包括在必要时明确承认有罪，并确保此类处置符合公共利益。2021年4月至2022年3月，庭外处置案件比 2020 年下降 5%，比 2019 年下降 2%。①

四、公共利益代表机关

在英国的传统观念上，公共利益、国家利益、政府代表的利益被视为三种不同的利益。其中，公共利益被视为独立于国家利益且经常与政府所代表的利益直接冲突。② 这种传统对检察署是否足以作为公共利益的代表提出了挑战。英国检察署 2020—2021 年年度报告认为其"代表刑事司法系统中的公共利益。因此，我们必须培养和建立公众对我们的信心。为此，我们必须以人们能理解我们的方式作出决定，公平对待每个人"。③ 英国统计局的调查显示，公众对检察署的信心稳步上升，2021 年，"相当"或"非常"有信心的人为 63%，高于 2011 年的 51%。④ 在英国法律文化中，检察机关和国家之间的联系并不能自动赋予其代表公共利益的公信力，检察机关需要通过公正执法逐步取得公众的信任。

五、警检关系

检方对公共利益的把握受到警检关系影响。在英格兰和威

---

① ［2023 - 09 - 20］. https://www. gov. uk/government/statistics/criminal - justice - system- statistics - quarterly - march - 2022/criminal - justice - statistics - quarterly - march - 2022-html#1. %20Overview%20of%20The%20Criminal%20Justice%20System.

② LANGER V. Public Interest in Civil Law, Socialist Law, and Common Law Systems: The Role of the Public Prosecutor, The American Journal of Comparative Law, 1988, 36（2）: 279.

③④ Crown Prosecution Service Annual Report and Accounts 2020-2021 ［R/OL］. ［2023 - 06 - 10］. https://www. cps. gov. uk/sites/default/files/documents/publications/CPS-Annual-Report-and-Accounts-2020-21. pdf.

尔士，警务独立是其警务基本原则，为此分设几个地方警察机构且不受政府直接控制，以防止中央政府对警方侦查、起诉的任何干预，以使警方起诉或不起诉对且仅对法律负责。① 就警检关系而言，《刑事检察官守则》第3.3条规定，检察官不能指挥警察或其他侦查人员。但检察署现已逐步取得对警方起诉案件的审查机会，并在侦查的早期阶段向警方提供建议。依据《检察长起诉指南》第4.9条，检察署对所有警方已起诉的案件，在第一次出庭前进行审查；第4.12条规定对于不符合起诉条件的警方已诉案件应不予追诉；对其后又收集到证据符合了起诉条件的案件，可以提交检察署起诉。

第三节　法国起诉裁量权的特点与演变

在法国，检察职能在国家一级组织实施，检察院是向中央集中的官僚结构。法国检察官须遵守无罪推定，除此之外，检察官个人被认为享有很大的起诉自由裁量权，在国家层面也有确定执法重点和促进统一起诉的机制。

一、无罪推定对起诉的限制

1789年法国国民制宪会议制定的《人权和公民权利宣言》第9条规定，人人有权被推定为无辜，直到其被宣告有罪，即使视逮捕为必要，一切羁押人身所不必要的过分严厉的措施，

---

① R v Commissioner of Police of the Metropolis, ex p Blackburn (No. 1) [1968] 2 QB 118 (CA).

都应依法予以严厉制裁。其《刑事诉讼法》第 3 条也规定了无罪推定：在被证明有罪之前，任何被怀疑或被起诉的人都被推定为无辜；对违反无罪推定的行为应予预防、补偿和惩罚；被告人有权获知指控、获得辩护人帮助，有翻译权、及时审判权、上诉权；由司法机关决定或有效控制强制措施，使其与指控罪行的严重性相称且不损害人的尊严；由司法机关决定或有效控制侵犯隐私的措施，使其与指控罪行的严重性相称并为真相所必需；不得仅基于无律师帮助下的陈述判决有罪。其《刑事诉讼法》第 137 条规定，所有被追诉人都被认为是无辜的，仍然是自由的；但由于侦查的需要或者作为安全措施，其可能被电子监控软禁在家，或者被审前羁押。第 133 条规定，根据逮捕令被捕者应在被捕后 24 小时内送交法官决定是否羁押。所以审前羁押或者电子监控必须遵循严格的法定程序，以尽可能削减其对无罪推定的背离。

法国的无罪推定强调对被告人作为无辜者的待遇，由此也确立了控方提供刑事犯罪的证据、证实犯罪的所有要素的责任，无法证明或怀疑的风险由控方承担，疑点的利益归于被告人，做有利于被告人的处理。

起诉后，在轻罪案件的审判中，法国《刑事诉讼法》第 427 条规定，"除法律另有规定外，可通过任何证据手段确定罪行，法官应根据其个人确信作出判决。法官只能根据在辩论过程中提交给他并在双方在场的情况下讨论的证据作出裁决"。针对重罪案件，第 353 条规定："重罪法庭退庭评议前，庭长大声宣读以下说明，也以大字体张贴在评议室最显眼的地方：除须说明判决理由的规定外，法律并不要求组成法庭的每一位法官和陪

审员说明他们说服自己的方法；法律并不规定他们必须根据哪些规则来确定证据的全面性和充分性；法律要求他们在沉默和沉思中自问自答，并真诚地凭良心寻求不利于被告人的证据和被告人的辩护给他们的理智留下了什么印象。法律只问他们这一个问题，而这个问题包含了他们全部的职责：你内心确信吗？"内心确信原则又称内心确信的证明标准，其将陪审员从技术性强且盲目僵化的法定证据制度下解放出来，陪审员运用个人理性，基于证据和辩护理由，深思熟虑后得出判决意见。内心确信可能是体现了法国与英美排除合理怀疑在证明标准和寻求真相的态度方面的细微差异，但英美法院的判决都曾明确认可排除合理怀疑就是确信。

法国为了指引和保障审判人员公正裁判，其《刑事诉讼法》第 356 条规定，匿名选票上印制着"凭我的荣誉和良知，我的裁决是……"；第 358 条规定，庭长在法官和陪审员在场下计票，空白或无效选票计入有利于被告人的票数，计票后当即焚烧匿名选票。由 3 名法官和 9 名外行陪审员组成的重罪法庭刑事陪审团判决不必说理。法国宪法委员会指出，这种不说理的判决是合宪的，因为刑事诉讼程序的其他特征可以防止恣意裁判。

由于被追诉人被推定无辜，法庭基于证据和辩护来判断是否确信被告人有罪，因此法国检察官必须综合考虑证据和辩方的意见能否使法庭达成确信；同时由于检察官指挥侦查，更有条件把控侦查行为及证据合法、正当，对证据能否使审判人员确信来作出判断，如果不能就必须作出不起诉决定，以遵守无罪推定。

二、公共利益与裁量起诉

在 1958 年法国刑事诉讼法生效之前，法国曾在强制起诉和裁量起诉之间摇摆不定，最终采取了裁量起诉政策。现行《刑事诉讼法》第 40-1 条规定，如果有足够的证据，检察官可以根据具体情况作出不同决定：起诉；采取替代程序；如果与犯罪有关的具体情况证明有理由结案而不必采取任何进一步行动的，可以结案。《刑事诉讼法》第 41-1 条、第 41-1-2 条、第 41-2 条规定了起诉之前的替代措施：如果检察官认为能够赔偿被害人的损害、平息犯罪造成的秩序混乱、有利于嫌疑人改过自新，可对嫌疑人承认的轻微案件以警告、调解、赔偿、康复、培训等为条件附条件缓起诉；对主刑为罚金或者五年徒刑及以下的案件也可附条件缓起诉，认罪嫌疑人在辩护律师帮助下同意检察官提议的罚金、康复、培训、治疗、社区服务等 19 种处罚的，检察官可提交法官，经法官同意并发出确认命令后生效，所附条件履行后不再起诉。

认罪程序是法国 2004 年 3 月 9 日第 2004-204 号法律对刑事司法的重要修正，其《刑事诉讼法》第 495-7 条对此予以规定，检察官对承认犯罪的被告人建议量刑，但有罪的认定和商定的量刑必须由法官确认。自 2004 年起，法国检察官拥有法定权力，可以进行认罪或量刑协商（称为可预判罪行的比较）；2011 年适用范围扩大，2016 年又设立公司延期起诉协议；现在适用于处以罚金或十年及以下监禁的犯罪，除未成年人、涉新闻类、非故意杀人、政治犯，可判五年监禁以上的人身伤害及性犯罪以外。① 虽然没有规定控辩双方可就这类判决进行谈判，甚至司法部早期的一份通知明确排除了谈判，但实际是经过谈判的。②

检察官的决定取决于罪行的严重性，但也取决于嫌疑人的个性、犯罪记录、工作家庭所证明的生活稳定性、悔恨态度等。从法律条文看，检察官可利用的程序选择多，本可为嫌疑人定制个性化方案，但实践中并非如此，有研究强调资源压力影响了检察官的决定。③ 由于资源有限和案件量大，无法实现具体案件具体处理的理想，不能以高度个性化的方案去反映嫌疑人的个案特点，不能致力于使嫌疑人理解行为的严重性及其影响，以提高其对刑事司法程序及结果的领悟能力；相反，检察官更有可能选择最有效率的处理措施。④

司法部长可发布一般性书面指南，以促进法律适用的一致性。这些指南通常可在司法部的网站上查阅到。例如，关于

---

① de NAVACELLE S, DUVERNE C, LAPIERRE T. ACC Quick Overview: Plea Bargaining and Deferred Prosecution Agreements in France [EB/OL]. (2021-01-07) [2023-03-22]. https://www.acc.com/resource-library/acc-quick-overview-plea-bargaining-and-deferred-prosecution-agreements-france.

② HODGSON J. Guilty Pleas and the Changing Role of the Prosecutor in French Criminal Justice [M]. // LUNA E & WADE M L. The Prosecutor in Transnational Perspective. Oxford: Oxford University Press, 2012: 116-134.

③ DANET J. La réponse pénale dix ans de traitement des délits [M]. Rennes: Presses universitaires de Rennes, 2013; SOUBISE L. Prosecutorial Discretion and Accountability: a comparative study of France and England and Wales [D]. Coventry: University of Warwick, 2015.

④ DANET J. La réponse pénale dix ans de traitement des délits [M]. Rennes: Presses universitaires de Rennes 2013: 109-110. Cf. SOUBISE L. Prosecutorial Discretion and Accountability: a comparative study of France and England and Wales [D]. Coventry: University of Warwick, 2015.

"打击诈骗犯罪"的指南确定了三个国家级司法重点：增值税诈骗、跨国诈骗和非法网络赌博；指示检察官在资金追缴和经济制裁方面作出"特别努力"；还将非法劳工作为地方一级的司法重点，针对以下职业或行业：建筑和公共工程、酒店、咖啡馆和餐馆、包括家政服务的服务业、季节性农业和现场表演；特别指出福利诈骗应受到刑事处罚，但也鼓励采取正式公诉以外的其他措施。还有一些指南涉及处理涉青少年、帮派、邪教和毒品犯罪等类型广泛的案件。

法国司法部数据表明，2021 年，其检察机关共受理案件3 054 302 件，涉案人员 1 948 890 人；其中 32.9% 的案件未起诉。[①] 2014 年，法国检察机关办理了 460 万件刑事案件，对于其中嫌疑人已被查明且可起诉的案件，根据犯罪事实的严重性和嫌疑人的个性化情况，检察官对 46% 的案件提起公诉，40%的案件适用替代起诉的措施。[②] 2013 年，酒驾毒驾占了刑事法庭办案的 30%，检察官选择大量利用快速程序，"刑事处罚命令"（43%）[③] 和替代起诉的"19 种处罚"（18%），远远多于在法庭上开庭审理公诉案件（39%），40% 的公诉案件是通过认罪

① Les indicateurs statistiques pénaux trimestriels, Du premier trimestre 2012 au quatrième trimestre 2021 [EB/OL]. [2022-03-22]. http://www.justice.gouv.fr/statistiques-10054/les-indicateurs-statistiques-penaux-trimestriels-32488.html.

② TIMBART O. Diversité des réponses pénales des parquets et des tribunaux correctionnels selon la nature d'affaire [J/OL]. Infostat Justice, 2015, 136: 1-8（2015-09-10）[2023-05-20]. https://www.justice.gouv.fr/sites/default/files/2023-04/Infostat_136.pdf.

③ 法国《刑事诉讼法》第 495 条规定，检察官对简单轻微案件起诉后，法院可不经开庭辩论作出 2500 欧元以下罚款或社区服务等的书面命令，如控辩双方不反对即可生效。

程序处理的①，除出庭支持公诉的正式庭审之外的其他选择占检察机关所作决定的 50% 以上。② 对此，有研究认为，法国不起诉实践具有"适应性"，检察官由于专业化和繁重的工作量产生了筛选与分流案件的必要性，保留了广泛的自主权，政治压力也相对较少。③

总之，法国检察官在无罪推定的基础上行使着重要的自由裁量权，可决定是否起诉、选择确切的罪名罪行，还拥有案件管理的自由裁量权，有权启动起诉和审判的替代措施，包括调解和一系列替代制裁措施，检察官还可以决定是否直接结案。这些权力使检察官能够高效办理日益增多的案件。

三、检察系统的行政化及其争议

根据法国《宪法》第 66 条，确保尊重个人自由的司法机关包括法官和检察官。法国检察官作为司法官员，必须以公众利益为出发点并维护公众利益，但其在行政部门所承担的等级责任及其在地方刑事司法政策的制定和实施中的角色，影响着其作为检察官的独立性。法国检察机关和检察官的性质日益受到公开化的批评和负面评价。

---

① OBRADOVIC I. La Réponse Pénale à La Conduite Sous Influence（alcool et Stupéfiants）［2013］Tendances［EB/OL］.［2023-09-20］. https://www.ofdt.fr/BDD/publications/docs/eftxiotc.pdf.

② Ministère de la Justice, Les Chiffres Clefs de la Justice 2014（Ministère de la Justice 2014）14.

③ HODGSON J. French Criminal Justice: A Comparative Account of the Investigation and Prosecution of Crime in France［M］. Oxford: Hart Publishing, 2005: 94.

（一）法国检察系统的行政化

法国司法官员分为立席司法官即检察官和坐席司法官即法官。检察官和法官通过竞争性考试被选拔出来，在国家司法学院接受 31 个月统一培训，检察官和法官职业之间可以进行人员流动。在宪法体制上，法国《宪法》第 64 条在名义上保障了所有法官的独立性，规定审判法官终身任职，但不适用于检察官。

法国的司法机关包括法院和检察院。法院独立于法国政府行政部门，但司法部长对检察院拥有最终权力。法国《刑事诉讼法》第 30 条将司法部长的角色定义为"司法部长领导执行政府确定的刑事司法政策，确保该政策在整个共和国得到一致执行。为此，他向检察官办公室发布一般性指示"。[①]

法国司法部长与美国不同，美国的司法部长就是总检察长。在法国，驻最高法院检察院设总检察长，司法部长不是检察官，但可指挥总检察长，而总检察长则"确保……适用刑法，并确保其管辖范围内的检察官办公室顺利运作。他领导并协调检察官在预防和惩治违反刑法行为方面的工作。他明确执行司法部长的一般指示，并在必要时根据司法管辖区的具体情况进行调整。他还对检察官执行这些指示的情况进行评估"。[②]

法国检察官的地位可见 1958 年 12 月 22 日第 58-1270 号法令所载关于司法官地位的《司法官身份组织法》第 5 条，检察官受上级检察官及司法部长的领导，检察官在法庭上自由发言。

---

① C. PR. PÉN. , art. 30 （Fr. ）.

② See C. PR. PÉN. , art. 35.

据此，检察官按照上级的指示提交书面意见，但在法庭上可以自由地提出他认为有利于司法公正的任何口头意见。

司法部长为履行职责可以向检察院发布指导原则；有权提议任命检察官，并在最高司法委员会提出简单意见后行使这一权力，可以调动、晋升检察官；还对检察机关人员的不当行为行使纪律处分权。① 司法部长还一度有权力向检察官办理的具体案件作出指示，结合其对检察官职业发展轨迹的影响，意味着法国虽然为检察官提供了向上负责的责任机制，也可能有助于使检察实践和起诉标准保持一致，但人们担心行政化的领导体制不但控制检察官的职业发展，还会损害检察官的独立性。

（二）欧洲人权法院否认法国检察官之司法官性质

传统上，法国检察机关是司法机关，检察官是司法官员。但欧洲人权法院在其审判的梅诉法国案中对法国检察机关的性质作出了与法国传统不同的界定。该案中，法国获悉一艘悬挂柬埔寨国旗的"稳拿号"船可能载有大量毒品。作为国际打击贩毒行动的一部分，柬埔寨在一份外交照会中同意法国对该船采取行动。法国在佛得角附近海域拦截该船并将其转至法国布列斯特港。在检察官的监督下，该船在公海上被扣押后，船员被带见法官前被禁闭在船上 16 天。争议焦点之一是《欧洲人权公约》第 5-1 条关于诉讼程序的规定和第 5-3 条关于迅速带见法官或其他经法律授权的官员的规定。申诉人"指出法国检察

---

① De'cision n° 2017-680 QPC du 8 de'cembre 2017, Union syndicale des magistrats (Inde'pendance des magistrats du parquet). paragr. 11.

官在行政方面缺乏独立性，不具备作为此类官员的资格，因为
法国检察机关通过司法部隶属于政府"。① 欧洲人权法院在2008
年判决中认为："为执行法律而采取的措施是在检察官的监督下
进行的，有关各方都收到了记录罪行的正式报告副本。船上也
不允许进行盘问或搜身。然而，就法院判例法而言，检察官不
是司法机关，因为其缺乏作为司法机关所需的相对于行政部门
的独立性。因此，不能说申诉人的自由是被合法剥夺的。……
申诉人被拘在'稳拿号'船上确实没有受到司法机关的监督
（检察官不具备这种资格），他们也没有享受到这种监督所提供
的防止任意性的保护。"② "必须承认，检察官不是法院判例法中
所指的'主管司法机关'：正如申诉人所指出的，他在行政方面
缺乏独立性，不具备这样的资格。"③

欧洲人权法院在2010年对该案的终审判决中再次指出，
"司法官员必须提供独立于行政部门和当事人的必要保障，这就
排除了其随后代表检察机关进行刑事诉讼的可能性，而且他或
她必须有权在听取个人意见并审查逮捕和拘留的合法性和正当
性之后下令释放。关于这一审查的范围，作为法院长期判例法
基础的表述可追溯到早期的席塞尔（Schiesser）案。此外，第5
条第3款既有程序性要求，也有实体性要求。程序性要求规定
'官员'有义务亲自听取被带到其面前的个人的陈述；实体性要
求规定其有义务审查支持或反驳拘留的情况，根据法律标准决

①　Medvedyev v France App no. 3394/03（ECtHR，10 July 2008），para 46.

②③　Medvedyev v France App no. 3394/03（ECtHR，10 July 2008），para 61；see Schiesser v. Switzerland，judgment of 4 December 1979，series A no. 34，§§ 29 - 30. Moulin v France App no 37104/06（ECtHR，20 November 2010），para 59.

定是否有理由拘留，如果没有理由，则下令释放。或者，换言之，第 5 条第 3 款要求司法官员考虑拘留的是非曲直。"①

法国将检察官定性为司法官员，这一定性多次受到欧洲人权法院的否定评价。在欧洲人权法院的判例法上，多次强调司法机关的独立性，也明确确认法国检察机关不是司法机关，检察官不是《欧洲人权公约》第 5 条第 1 款和第 3 款所指司法官员或者其他经法律授权行使司法权的官员。这是因为其不满足独立于行政部门的要求，没有提供独立于行政部门和当事人的必要保障，不能排除其随后代表起诉方干预刑事诉讼程序。事实是，法国的检察机关和检察官恰恰就是起诉方本身。在欧洲人权法院对梅诉法国案件的判决后，法国最高法院在 2010 年底也公开承认检察官不是第 5 条意义上的司法官员。② 其后的 2013 年，由于担心检察官的独立性受到干涉，法国对检察组织结构予以改革，禁止司法部长对检察官正在办理的案件发出指示。

（三）取消司法部长对个案的干预权

2013 年的改革体现了对检察官办案独立性的保障。2013 年 7 月 25 日，法国国民议会通过修改法国《刑事诉讼法》的法律，修订后的第 30 条增加司法部长"不得就具体案件发布指示"的规定，禁止司法部长在具体案件中向检察官发布命令。这一修订旨在解决司法部长干预检察官起诉个案的问题。2013 年 12 月，立法机构还通过新的法律，在巴黎大审法庭设立了一个新

---

① Medvedyev v France（2010）51 EHRR 39，para 124.

② Cass. crim. 15 December 2010，Bull. Crim. no. 207.

的检察职位，对复杂的金融犯罪拥有并行使管辖权。新法是为了严厉打击白领犯罪而提出的。但批评者认为，首先，法国有专门的金融犯罪法院，新法是不必要的。其次，高级地方法官工会表示担心，金融犯罪案件的集中审理可能会损害检察机关的独立性，并加剧行政干预。再次，该法中有个被称为"贝尔西锁"的条款，规定检察官对是否起诉逃税行为没有最终决定权。最后，有人预测新的金融检察官将面临官僚主义噩梦，因为其将与总检察长共享巴黎案件的管辖权。

（四）案件特别报告之争

在法国，2014 年 1 月 31 日关于介绍和实施 2013 年 7 月 25 日第 2013－669 号法律及其附录的通知，以及 2020 年 10 月 1 日的一般刑事政策通知，要求检察官向司法部长提交特别报告汇报办理中的刑事案件。法国《刑事诉讼法》第 35 条第 3 款要求，除了主动或应司法部长要求编写的具体报告外，检察长还向司法部长提交一份关于法律和一般指示执行情况的年度刑事政策报告，以及一份关于其管辖范围内检察官办公室活动和管理情况的年度报告。

检察官向司法部长提交未决刑事案件的具体报告，会不会使司法部长能够干预具体案件，并对他有权任命和制裁的检察官施加压力，从而使检察权受到损害？还有观点认为，这些规定允许在某些案件中将信息传递给司法部长，是否违反了法律面前人人平等的原则？

法国宪法委员会认为，特别报告机制是为了落实《宪法》第 20 条规定的政府决定并执行国家政策的行政特权，强调报告

机制的唯一目的是使负责执行政府确定的刑事政策的司法部长能够获得关于司法系统运作的可靠而全面的信息，尤其是在确保共和国全境公民在法律面前平等的必要性方面。① 法国宪法委员会认为，刑事诉讼法中的有关规定有助于保障检察中立，包括：第 30 条第 3 款要求司法部长不得就个别案件向检察官发出指示；第 31 条规定检察官办公室应根据其必须遵守的公正原则进行起诉和执法；第 33 条规定检察官在法庭上可自由提出其认为有利于司法公正的口头意见；第 39-3 条规定，检察官的任务是确保刑事调查以查明真相为目的，并在进行调查时适当考虑被害人和嫌疑人的权利；第 40-1 条规定检察官可自由决定是否提起诉讼。从而，刑事诉讼法的这些规定能够在案件报告机制和检察官中立之间取得平衡。②

四、法国检察裁量权的特点

法国检察裁量权的特点突出，近年来有所变化。第一，传统上检察机关是司法机关的一部分，是国家一级组织并行使起诉职能。其一，促进起诉标准和做法的一致性；其二，检察院被设置为司法机关，但接受行政部门司法部长的领导；其三，由于法国检察官的裁量权包括起诉、案件分流到非刑事替代方案、十年及以下案件的辩诉协议，因此检察系统具有一定适应性，一定程度上能够处理不断增加的案件量。

---

① De'cision n° 2017-680 QPC du 8 de'cembre 2017, Union syndicale des magistrats（Inde'pendance des magistrats du parquet）. paragr. 15.

② De'cision n° 2017-680 QPC du 8 de'cembre 2017, Union syndicale des magistrats（Inde'pendance des magistrats du parquet）. paragr. 12.

第二，检察机关隶属于官僚体制结构，对检察官实行统一培训。由于官僚体制的特征，行政部门对检察起诉职能享有广泛的监督权。所以，起诉政策能够反映政治需求，有助于确立全国性的检察政策，但也引起了对检察机关独立性和中立性可能受到政治干预的担忧。

第三，在法国，检察官是国家的代表，不仅在传统上检察院属于司法机关，法国宪法法院也多次重申，司法机关包括法院和检察院，司法人员包括法官和检察官。① 但自 2010 年以来，检察中立受到质疑，检察机关作为司法机关的定位受到挑战，法国启动了关于加强检察独立的有限改革。

五、警检关系对起诉决定的影响

法国检察官的决定还受到警检关系的影响。依据法国《刑事诉讼法》第 30 条、第 63 条等，检察长在履行职责时，有权直接指示警察部队；检察官指挥领导侦查，警察负责记录案件、收集证据、追查嫌疑人，法国警察对于发现的所有犯罪行为和采取的逮捕措施，要立即向检察官报告并接受检察官对侦查的指示。侦查取证手段如勘验检查、搜查扣押、讯问嫌疑人、询问证人、鉴定、监听监控、卧底、诱惑侦查等受到法律规制，非法侦查行为的直接受害方可以向预审庭或轻罪法庭提起程序无效请求，法官可撤销该行为或相关文书。

---

① Decision 93-326 DC, 11 August 1993, paragraph 5; Decision 2004-492 DC, 2 March 2004, paragraph 98; Decision 2010-14/22 QPC, 30 July 2010, paragraph 26. Cf. SOUBISE L. Prosecutorial Discretion and Accountability: a comparative study of France and England and Wales [D]. Coventry: University of Warwick, 2015.

检察官对刑事案件享有高于警方的侦查权。法国《刑事诉讼法》第40条、第40-1条、第68条规定，警方获知罪案发生后立即通知检察官，告知其所有案件信息、行动并移送案件材料；检察官到达现场时，接替警察行使侦查权力，还可以命令警察继续侦查。有研究表明，当检察官力图与警方建立信任关系时，可能倾向于对警方的程序合法性不进行实质性审查。①

在法国，检察官与警察在刑事案件的侦查中长期密切合作，是警方侦查行为的指挥者与领导人。检察官作为合作侦查的一方，对于共同办理刑事案件的警方有天然的信任、依赖感。对于警检共同侦查的案件进行审查起诉时，如何让检察官摆脱自侦自诉的偏见是值得进一步努力的。

第四节　德国检察裁量权的特点及演变

德国自19世纪中期设立检察官行使侦控权实行控审分离，有的州尤其是南部州要求检察官对证据充分足以定罪的罪行必须起诉，后被称为强制起诉，其他州则给予检察官广泛的自行决定权。② 1877年刑事诉讼法历经修改沿用至今，平等执行刑法和平等保护不受检察机关任意起诉被视为该法主要价值。到

---

① MILBURN P，KOSTULSKI K，SALAS D. Les Procureurs，Entre Vocation Judiciaire et Fonctions Politiques［M］. Paris：Presses Universitaires de France，2010. Cf. SOUBISE L. Prosecutorial Discretion and Accountability：a comparative study of France and England and Wales［D］. Coventry：University of Warwick，2015.

② HERRMANN J. The Rule of Compulsory Prosecution and the Scope of Prosecutorial Discretion in Germany［J］. The University of Chicago Review，1974，41：468，469.

20 世纪 70 年代，强制起诉被视为宪法平等权利条款的要求，但仅是在重罪或严重轻罪案件中控制检察官不起诉权力的一般原则。① 关于强制起诉的第 152 条内容为 "检察机关；强制起诉原则。（1）检察院有权提起公诉。（2）除非法律另有规定，在有充分事实根据的情况下，检察院有义务对所有可起诉的刑事犯罪起诉"。第 153 条、第 153a 条及以下条文规定了不起诉的情形。德国刑事诉讼法未否认检察官的裁量权，其裁量权范围一直在稳步扩大，而且仍在不断扩大，包括但不限于采纳认罪协商、扩大不起诉案件的范围。

德国的检察官和法官一样在完成法律教育后通过考试并在两年的实习期内接受大量在职培训，再通过第二次考试。德国与法国实行相似的审检合署，检察院设在各级法院，检察官通过行政任命获得职位，任命后获得长期职位前三年，在各级检察院工作，但德法两国的检察官角色和检察院组织结构有很大差异。

一、无罪推定对起诉权的约束

无罪推定在德国国内法上虽无明文规定，但起着确保公民权利与自由、公正追究犯罪的根本性作用，对检察官裁量权予以约束。

德国联邦宪法、基本法和刑事诉讼法均未明确规定无罪推定，无罪推定被认为是德国基本法第 20 条第 3 款法治原则的一

---

① HERRMANN J. The Rule of Compulsory Prosecution and the Scope of Prosecutorial Discretion in Germany ［J］. The University of Chicago Review, 1974, 41: 468-505.

部分，"立法机关受宪法秩序的约束，行政和司法机关受法律和正义的约束"。《欧洲人权公约》是德国法律的重要组成部分，其第 6 条第 2 款规定了无罪推定：每个被刑事起诉的被告人应当被推定为无辜，直到被依法证明有罪。德国《刑事诉讼法》第 136（1）条规定，任何人都没有义务自证其罪，因此被告人有权保持沉默，而沉默不会对其不利。第 152 条规定了强制起诉原则，又称合法性原则，"除非法律另有规定，如果有充分的事实根据，检察院有义务对所有可起诉的刑事犯罪起诉"。第 153 条等规定了起诉以外的各种干预方式；第 169 条、第 170 条规定了起诉，如果检察院考虑提起公诉，应在卷宗中注明调查结论，如果调查提供了提起公诉的充分理由，检察官应向法院提起公诉，如果调查没有为公诉提供充分理由，检察官办公室应终止诉讼程序。在 2006 年，约有 27% 的案件因证据原因不起诉。①

对于检察官起诉的案件，法官要对证据进行审查。依据德国《刑事诉讼法》第 201 条至 211 条，对于检察官起诉的案件，法院在决定开始主要诉讼程序之前，法官可以命令获取补充证据，下令取证，以便更好地查明案件，对该决定不得上诉。如果法院考虑启动主要诉讼程序，法官可以与诉讼各方讨论诉讼状况，只要有助于推进诉讼程序。必须记录讨论的主要内容。

---

① ELSNER B. & PETERS J. The Prosecution Service Function within the German Criminal Justice System [M]. // JEHLE J. M. & WADE M. Coping with Overloaded Criminal Justice Systems：The Rise of Prosecutorial Power across Europe. Berlin：Springer，2006：207-236. 转引自：肖恩·玛丽·博伊恩. 德国检察机关职能研究———个法律守护人的角色定位 [M]. 但伟，译. 北京：中国检察出版社，2021：95.

如果根据审查结果，被告人似乎有足够的刑事犯罪嫌疑，法院应决定开始主要诉讼程序。如果法院决定不开启主要诉讼程序，该决定必须说明是基于事实理由还是法律理由。不启动主要诉讼程序的决定等同于驳回起诉，检察官有权上诉。如果上诉法院不再可上诉的命令拒绝开启主要诉讼程序，则检察官只能根据新的事实或证据重新起诉。

德国法上由法官在审前基于证据依法作出限制或剥夺自由、财产等权利的程序性决定。这与法国、英国、美国法一致，在审前剥夺自由的决定都由法官作出，一是根据法官签发的逮捕令对嫌疑人进行不超过24小时的羁押；二是逮捕后24小时内由法官开庭决定是否继续羁押。检察官和警察都无权决定逮捕和羁押。依据德国《刑事诉讼法》第114条、第114b（2）条，由法官签发书面逮捕令，逮捕嫌疑人后最迟次日由法官决定是否继续羁押。第114b条规定了对被捕嫌疑人的权利告知，包括：（1）被捕嫌疑人应立即以其能理解的语言接受有关其权利的书面说明。如果书面指导显然不足，也应给予口头说明。（2）必须告知嫌疑人其权利有：①必须毫不迟延地，最迟在被捕后的第二天，被带见法庭，接受讯问并决定是否继续羁押。②有权对指控发表意见，也有权对案情不作证、保持沉默。③可申请为了其辩护调取证据。④可在任何时候，甚至在被讯问之前，询问自己选择的辩护律师。在此过程中，必须向其提供信息，以方便其联系辩护律师。必须告知其现有的紧急法律服务，嫌疑人可申请指定一名公设辩护人。⑤嫌疑人有权要求由其选择的医生进行检查。⑥可通知亲属或其信任的人，但这不得严重危及调查的目的。⑦如果没有辩护律师，嫌疑人有权

申请查阅案件卷宗，并在监督下查阅官方保存的证据。⑧如果法官决定继续羁押，嫌疑人可对逮捕令提出申诉或申请羁押复审（第 117 条第 1 款和第 2 款）和口头听证（第 118 条第 1 款和第 2 款）。法庭口头听证应在收到申请后毫不迟延地进行，最迟不得超过两周，由法官、检察官、嫌疑人和辩护律师出席，除非嫌疑人已放弃出席听证的权利，或除非嫌疑人因路途遥远或疾病或其他无法克服的障碍而无法出席听证，否则应将嫌疑人带至听证地点。法院可以命令，嫌疑人在法院以外，而听证则以视听方式同时传送到嫌疑人所在地和法庭。如果嫌疑人未被带至口头听证现场，且未遵循视听传送程序，则辩护律师必须在听证过程中保障嫌疑人的权利。在口头听证期间，应听取在场各方的陈述；法庭决定取证的类型和范围；裁决应在口头听证结束时宣布。如果无法在口头听证结束时宣布，则最迟应在一周内作出决定。如果口头听证后维持原判，嫌疑人只有在羁押持续至少三个月，且自上次口头听证后羁押至少已过去两个月的情况下，才有权再次要求口头听证。⑨嫌疑人应被告知辩护律师有权查阅卷宗。⑩有听力或语言障碍的嫌疑人在整个刑事诉讼过程中可以要求免费的口译或笔译协助。⑪外国嫌疑人应被告知，他或她可以要求通知其本国的领事代表处，并可向其发送通知。

德国司法实践普遍接受当案件存疑时，关于怀疑利益的决定规则，即如果法庭评估所有证据后仍有合理怀疑，则在可能的结论中选择对被告人最有利的结论。① 作为德国法组成部分的欧盟《无罪推定指令》第 6 条第 2 款也要求对有罪问题的任何疑问都有利于被追诉人，包括当法庭决定其是否应被无罪释放时。②

有基于访谈的研究表明，控辩审三方均认为无罪推定是其工作的重要组成部分，警方在日常工作中普遍重视无罪推定，有的警察特别强调警方的任务不是确定嫌疑人的罪行，而是收集有罪和无辜的证据，交由检察官评估。所有受访的辩护律师均表示，无罪推定是辩护的起点，其大部分工作以无罪推定为主。有律师表示，如果没有无罪推定就无法工作。辩护律师群体感受到实践中普遍存在可能危及无罪推定的因素，如犯罪记录、年龄、肤色等。认罪不被视为无罪推定的例外，法院必须审查供述的可信度、合理性以及与其他证据的一致性才能将其作为定罪的基础。③ 实践中供述通常在德国《刑事诉讼法》第 257（c）条的认罪协议案件中使用，④ 法院可以就判决结果、诉

---

① Germany, Federal Court of Justice (Bundesgerichtshof), Karlsruhe/2 StR 198/06, 30 August 2006.

② Directive (EU) 2016/343 of the European Parliament and of the Council of 9 March 2016 on the strengthening of certain aspects of the presumption of innocence and of the right to be present at the trial in criminal proceedings.

③ BREDOW T, FISCHER L. Presumption of Innocence：Procedural Rights in Criminal Proceedings, 2nd revision [R/OL].（2020-08-28）[2023-09-20]. https://fra. europa. eu/sites/default/files/fra_uploads/germany-2021-country-research-presumption-innocence_en. pdf.

④ 德国《刑事诉讼法》第 257（c）（4）条要求当法院不遵守协议时，对供述应予排除：如果法律或事实的相关情况被忽视或已出现，使法院确信预期的量刑范围不再适合罪行的严重性或恶性程度，或者如果被告人在诉讼中的进一步行为不符合法院预测的行为，则法院应不再受协议的约束。在这种情况下，不得使用被告人的供述。

讼程序，特别是就被告人认罪时的最高刑罚等与控辩双方达成一致。

在德国刑事司法系统中，依据德国《刑事诉讼法》第160条第1款及第2款，检方有义务收集有罪及无罪的证据。第244条第2款规定法院为查明真相应依职权将取证范围扩大到对判决有重要意义的所有事实和证据。第261条规定法官自由评估证据原则，应由法院根据庭审的全部内容，裁量决定证据和定罪。德国法院查明真相的调查权是其不同于其他国家的特点，曾被怀疑为法官承担证明责任。对此，2016年欧盟理事会《无罪推定指令》规定欧盟国家贯彻无罪推定的最低限度要求，其中第6条第1款规定了证明责任，要求成员国应确保证实有罪的证明责任由控方承担；这不应影响法官依据国内法寻找有罪或者无罪证据的义务，也不影响辩方依据国内法提供证据的权利。① 可见，无论是法官调查证据还是律师提供证据，都不影响也不分担检察机关所承担的证明责任。

二、公共利益与起诉裁量权

德国关于事实根据不足不起诉的规定可见于其《刑事诉讼法》第170条，如果没有充分的证据和理由，检察官不得起诉。这是为了避免对无辜者定罪。

此外关于不起诉的规定可见于德国《刑事诉讼法》第153

---

① Directive (EU) 2016/343 of the European Parliament and of the Council of 9 March 2016 on the strengthening of certain aspects of the presumption of innocence and of the right to be present at the trial in criminal proceedings.

条、第 154 条之下的条文。① 检察官对证据充足的各种案件可以基于其他公共利益权衡而不起诉。对轻罪、可免罚、危害国家安全等几种符合法律规定的案件，可经法院同意后不起诉；如果已经起诉，法院经检察机关和被告人同意可以终止诉讼。

第一，关于对轻罪的不起诉。如果检察机关认为罪行轻微且无需通过起诉来保护公共利益，则经法院同意，可不起诉；对于犯罪情节较轻且后果轻微，不会被处以最低加重刑罚的，不需经法院同意即可不起诉。依据德国《刑法》第 12 条的规定，法定最高刑一年监禁以下为轻罪，法定最低刑为一年及以上的为重罪。

第二，关于附条件和附指令的不起诉。对犯罪情节较轻的案件，检察机关经被告人和法院同意，可以暂不起诉并附加条件或者向被告人发出指令，如赔偿、培训、向国库付款、与被害人和解等，如果这些条件和指令能够抵消刑事起诉中的公共利益，且被告人遵守条件和指令，就不再起诉。

第三，对于可免罚案件的不起诉。对于法院可以免除处罚的案件，检察机关经法院同意，可以不起诉。如果已起诉，经检察机关和被告人同意，法院可以在审理开始前的任何时间终止诉讼。

第四，基于公共利益权衡而不起诉的国家安全犯罪。一是以高于本案公共利益为由，对危害国家安全罪不起诉。如果诉讼会引发严重损害德意志联邦共和国的风险，或者如果起诉危及其他高于本案公共利益的因素，联邦总检察长可以免除对国

---

① 本部分以下内容来自德国司法部官网公布的刑事诉讼法（StPO）2022 年版。

家安全罪行的起诉。如果已起诉，联邦总检察长可以在诉讼程序的任何阶段撤销起诉并终止诉讼。二是以主动悔罪为由不起诉的危害国家安全罪。如果嫌疑人在犯罪之后和得知犯罪已被发现之前，帮助避免对德国或对宪法秩序的危险，如果嫌疑人在犯罪后向有关机构揭发叛国、危害国家法治民主等罪行，联邦总检察长经地区高等法院的同意可以不起诉。如果已起诉，地区高等法院经联邦总检察长同意，可以终止诉讼。

第五，限制起诉罪行的范围，有的罪行可不起诉，但对起诉范围的限制应予以记录。如果预期嫌疑人会因部分罪行或者因其他犯罪受到惩罚或被采取矫正和预防措施，或嫌疑人已经因其他犯罪受罚或被采取措施，那么对某些罪行可不起诉。

第六，对于胁迫、敲诈、人口拐卖三类案件中被害人的不起诉。在胁迫、敲诈案件中以揭发被害人的罪行作为要挟事由的，或者人口拐卖案件中的被害人即被拐卖人被强迫犯罪的，检察机关可以不起诉被害人的该罪行，除非罪行严重而有必要追诉。如果胁迫、敲诈或人口拐卖案件中的被害人举报这三类案件，并因此曝光了自己所犯下的较轻罪行，检察机关可以不起诉。①

第七，关于民行先决案件不起诉。如果对较轻罪行的起诉，取决于民事或行政案件的诉讼结果，那么检察机关应将民事或行政诉讼的期限通知举报、报案人。如果期限届满而民事或行政案件仍然未决的，检察机关可以终止本案的诉讼。

第八，关于对举报控告人的不起诉。只要举报或控告案件的刑事或纪律案件未决，就不应对举报、控告人提起诬告、侮

---

① 对被拐卖人的相关不起诉政策也可见于英美法。

辱、诽谤案公诉。

现行德国刑事诉讼法中有三个主要的机制为检察官提供了重要的起诉裁量权。第一，基于证据而不起诉。检察官认为证据不足以定罪的，不能起诉，否则也会被法院驳回起诉。第二，根据德国《刑事诉讼法》第153～154条，检察官可根据其认为起诉不符合公共利益的判断，酌情不起诉轻罪等案件。第三，依据德国《刑事诉讼法》第407条：（1）在刑事法官审理的诉讼中，以及在属于非专业法官法庭①管辖的诉讼中，对于轻罪，可根据检察院的书面请求，通过书面处罚令确定犯罪的法律后果，而无需进行主要听证。如果检察院认为根据调查结果没有必要进行审判，则可提出这一申请。申请必须针对具体的法律后果。这将构成公诉。（2）只有以下法律后果可以通过简易处罚令单独或同时判处：①对法人或社团处以罚款、警告并保留处罚、禁驾、没收、销毁使其无法使用、定罪通知并罚款；②吊销驾驶执照，禁驾期不超过两年；②a禁止饲养或照顾、买卖或以其他方式专业处理任何或特定种类的动物，期限为一至三年；③不受处罚。如果被告人有辩护律师，也可判处一年以下监禁但缓期执行。（3）法院无需事先对被告人进行听证。依据德国《刑事诉讼法》第408条、第409条之规定，如果法官认为被告人没有足够的嫌疑，则应拒绝签发书面处罚令，等同于驳回起诉。如果法官对不进行听证而作出决定持保留意见，或如果法官希望不按检察官申请中的法律后果判决，或施加与

---

①　根据《法院组织法》（Gerichtsverfassungsgesetz，GVG）第28～58条设立，由一至两名专业法官和两名非专业法官组成。

申请不同的法律后果，而检察院坚持要进行听证，则法官应安排一次主要听证。

德国司法部数据表明，2021 年，检察机关办理了 490 万件刑事案件，约有 66.21 万人被德国法院定罪，占 13.51%，比 2020 年减少了约 3.72 万人，即 5.3%，延续了多年来定罪数量持续下降的趋势。① 2020 年检察机关办案 499.6 万件，仅起诉其中 17.07% 的案件。② 据称 2012 年有 70%~80% 的案件以撤案或不起诉告终；这一比例在德国各州之间差异很大，从南部各州的 40% 到北部一些州的 80% 不等。③ 2012 年，77% 已查明嫌疑人身份的案件因证据不足或政策原因不起诉，其余案件中的 52% 通过刑事命令处理。④ 2009 年，警方将已查明身份的嫌疑人移交检察院的案件中，只有 10% 进入审判阶段；⑤ 28% 的案件因证据不足而被驳回，对证据不足的判断本身就包含自由裁量权，其他许多案件被驳回或快速处理的原因更明显地涉及检察官的自由裁量权，其中 12% 的案件通过刑事命令处理，26% 的案件因

① ［2023 - 09 - 20］. https://www. destatis. de/DE/Themen/Staat/Justiz - Rechtspflege/_inhalt. html.

② ［2022 - 03 - 22］. https://www. destatis. de/EN/Themes/Government/Justice/_node. html.

③ BOYNE S. Is the Journey from the In-Box to the Out-box a Straight Line? The Drive for Efficiency and the Prosecution of Low-Level Criminality in Germany ［M］. // LUNA E & WADE M L. The Prosecutor in Transnational Perspective. Oxford: Oxford University Press, 2012: 37-53.

④ WEIGEND T. & TURNER J I. The Constitutionality of Negotiated Criminal Judgments in Germany ［J］. German Law Journal, 2014, 15（1）: 81-105.

⑤ WEIGEND T. A Judge by Any Other Name? Comparative Perspectives on the Role of the Public Prosecutor ［M］. // LUNA E & WADE M L. The Prosecutor in Transnational Perspective. Oxford: Oxford University Press, 2012: 377-391.

政策原因被驳回，包括起诉缺乏公共利益。[①] 由于德国法律不承认公司刑事责任，因此对法人如公司、合伙企业和其他法律实体仅适用行政处罚。

三、起诉权的地方化与行政化

德国是大陆法系国家，由 16 个州/省组成。虽然刑法完全由国家编纂，但几乎完全由各州实施。各州司法部负责监督检察机关以及司法和矫正系统。在每个州，司法部长都是政治任命的，在内阁中任职，对立法机构负责，并可发布一般性的指令指南，指示检察官根据具体政策处理各类案件。司法部还控制着资源的分配。有人认为，至少看起来这种结构是对检察机关客观性的威胁。[②] 德国法官与检察官协会呼吁立法机构废除部长下达指南指令的权利。此外，虽然司法部长很少指示如何处理具体案件，但实际上有时会下达非正式指示，而且往往涉及政治犯罪案件。[③] 虽然检察官与法官一样是职业公务员，一旦试用期满，不得以任意理由解雇，但司法部长对某些人事权决定的控制提供了一种机制，可以对检察官进行奖励或制裁，从而削弱其独立决策的能力，这种可能性在定期轮换检察官执行不同任务的少数几个州最大。虽然在大多数州，政治干预个案的情况似

---

① WEIGEND T. A Judge by Any Other Name? Comparative Perspectives on the Role of the Public Prosecutor [M]. // LUNA E & WADE M L. The Prosecutor in Transnational Perspective. Oxford：Oxford University Press，2012：377-391.

② BOYNE S M. The German Prosecution Sercive：Guardians of the Law? [M]. Berlin，Heidelberg：Springer，2014：98.

③ BOYNE S M. The German Prosecution Sercive：Guardians of the Law? [M]. Berlin，Heidelberg：Springer，2014：98-99.

乎并不常见，但也有一些引人注目的例子，有研究表明受访的大多数资深检察官都回忆起至少有一次迫于压力以某种方式处理案件的情况。①

四、认罪协商

德国早在 20 世纪 70 年代就有检察官对被告人认罪后附条件不起诉的讨价还价。② 德国立法机构于 2009 年通过了一项法律，对该国《刑事诉讼法》第 257c 条进行了修订。

第 257c 条协商协议：（1）在适当情况下，法院可根据以下各款与各方当事人就诉讼的进一步进程和结果达成协议。第 244（2）条不受影响（为查明真相，法院依职权将取证范围扩大到与判决有关的所有事实和证据手段）。（2）该协议的主题只能包括可能构成判决和相关法院命令内容的法律后果、与相关裁决程序的进程有关的其他程序措施以及各方在程序期间的行为。供述通常是每份谈判协议的组成部分。有罪判决以及改造和预防措施不得成为协商协议的主题。（3）法院宣布协商协议的内容。在自由评估案件所有情节和一般量刑考虑的基础上，法院还可指明量刑的上限和下限。诉讼各方均有机会提出意见。如果被告人和检察院同意法院的建议，则协商协议生效。（4）如果法律上或事实上的相关情况被忽视或出现，法院因此确信预期量刑范围不再适合罪行或罪责的严重程度，则法院不再受协商协

① Germany's Party Finance Scandal "Ends" With Kohl's Plea Bargain and Too Many Unanswered Questions [J]. German Law Journal, 2001 (2)：9.

② HERRMANN J. The Rule of Compulsory Prosecution and the Scope of Prosecutorial Discretion in Germany [J]. The University of Chicago Review, 1974, 41：468-505.

议的约束。如果被告人在诉讼中的进一步行为与法庭作出预测时所依据的行为不符也是如此。在这种情况下，不得使用被告人的供述。法庭应毫不迟延地将任何偏离情况通知被告人。（5）被告人应被告知法庭根据第（4）款偏离预期结果的条件和后果。

五、被害人的救济权与法院司法审查

在德国，根据德国《刑事诉讼法》第172～176条，被害人有权在检察官终止诉讼的决定公布后两周内向检察官的上级官员提出申诉，并可在收到检察院上级官员的驳回通知后一个月内申请法院裁决。如果案件只涉及被害人可通过自诉方式起诉的刑事犯罪，或检察官已根据第153（1）条轻罪不诉、第153a（1）条第1、7句附条件附命令不诉、第153b（1）条可免罚而不诉、第153c～154（1）条以及第154b和154c条不起诉的，则申诉不予受理。申诉人必须向法院说明公诉所依据的事实和证据。对申诉的法律援助与民事纠纷的规则相同。申诉书必须由律师签署，地区高等法院有权对申诉作出裁决。申诉提交法院后，一是应法院要求，检察官办公室应向法院提交所进行的听证；二是法院可将申诉通知被告人，并设定答复时限；三是法院可下令由法官进行调查，为其裁决做准备。如果提起公诉的理由不充分，法院应驳回申诉，并将驳回通知被害人、检察官和被告人，此后只能根据新的事实或证据提起公诉。第175条规定了命令提起公诉，如果法院在听取了被告人的陈述后，认为申诉理由充分，则下令提起公诉。检察官负责执行这一决定提起公诉。法院在裁决之前，可命令申诉人为国家财政和被告人因申诉的诉讼而可能产生的费用提供担保。担保方式为交

存现金或证券。金额由法院自行决定。法院还应规定提供担保的期限，如申诉人未在期限内提供担保，法院应宣布申诉被撤回。在申诉被驳回和未在期限内提供担保的案件中，申诉程序中产生的费用应由申诉人承担。

德国、法国均属欧盟国家，在欧盟，当检察官决定不起诉或者不继续支持公诉时，被害人享有救济权是欧洲人权公约所规定的权利，但各国向被害人提供的救济方式不同。有的国家规定被害人可自行起诉，有的国家则规定被害人可提请审查不诉的正当性，要求起诉或者继续起诉，德国、法国、奥地利、保加利亚、西班牙、芬兰、克罗地亚、匈牙利、立陶宛、卢森堡、波兰、瑞典、斯洛文尼亚等国可向被害人提供两种救济方式，具体如表4-1所示。①

表4-1　向被害人提供救济方式对比

国家	提请审查	自诉
AT 奥地利	√	√
BE 比利时	—	√
BG 保加利亚	√	√
CY 塞浦路斯	—	—
CZ 捷克	√	—
DE 德国	√	√
DEK 丹麦	√	—
EE 爱沙尼亚	√	—

---

① ［2023 - 06 - 10］. https://fra. europa. eu/en/content/challenging - decision - not-prosecute.

续表

国家	提请审查	自诉
EL 希腊	√	—
ES 西班牙	√	√
FI 芬兰	√	√
FR 法国	√	√
HR 克罗地亚	√	√
HU 匈牙利	√	√
IE 爱尔兰	√	—
IT 意大利	√	—
LT 立陶宛	√	√
LU 卢森堡	√	√
LV 拉脱维亚	√	—
MT 马耳他	—	—
NL 荷兰	√	—
PL 波兰	√	√
PT 葡萄牙	√	—
RO 罗马尼亚	√	—
SE 瑞典	√	√
SI 斯洛文尼亚	√	√
SK 斯洛伐克	√	—
UK 英国	√	√

第五节　美英法德检察裁量权行使的影响因素

美英法德影响检察裁量权最重要的因素是无罪推定及其所要求的排除合理怀疑、控方证明责任、非法证据排除规则、辩护权等，法官对检察官的起诉予以审查后才能开庭，否则将驳回起诉。法官中立审判，逮捕羁押由法官决定。同时，各国都面临繁重的案件量的压力。为了提高效率，不少国家都借鉴美国辩诉交易实行认罪协商。

一、公正与效率

刑事司法公正来源于贯彻无罪推定，各国对检察裁量权最重要的限制来自无罪推定。所有国家要求检察官对起诉的案件承担证明责任，一是检察官的起诉只是申请开庭的步骤，控方的案件须经法官的审查，诉讼才能继续进行，否则起诉被驳回，案件不会开庭，没有新的事实和证据，也不得再起诉。各国都建立了对检察官起诉证据充分性的审查处理机制，如美国有预审程序、大陪审团程序以及法官在陪审团审判开始前的无罪判决，德国有法官的驳回起诉。二是法庭仅考虑当庭提交的证据，认为不能排除合理怀疑、不能达成内心确信的案件，须有权独立判无罪。控审分离使审判权脱离控诉权，法官任职保障使其摆脱外来压力，遵从法律和良知，从而可以限制检察官的任意起诉，确保公民不受任意追诉。警察和检察官无权决定逮捕或羁押，无权决定扣押或处分财产，无权决定使用技术手段侦查，检察官的起诉既不必然开启审判，又不必然获得有罪判决，这是检察官认真对待证据、慎重考虑证据、谨慎行使起诉裁量权的根本原因。

积案压力促使所有国家通过赋予检察官更多的自由裁量权来提高效率。德国根据办案压力和效率激励机制的现实调整了制度和实践，立法机构和宪法法院都在努力根据该国《刑事诉讼法》第257c条界定认罪案件的形式，以避免牺牲司法公正，确保发现真相、罪刑相适应和透明度等核心价值。德国宪法法院的调查显示，在两个方面导致定罪或量刑不准确：一是律师认为一些案件中的被告人不会被判有罪，但在获得控方重大量刑减让后却认罪；二是相当多的受访者认为至少在某些案件中，协商后的量刑过低或过高。① 有评论认为德国宪法法院限制协商比美国辩诉交易更能保证准确性和公正性。② 在美国，由于存在无辜者、无辜者认罪、错误定罪等各种反复出现的问题，自2014年以来美国检察机关设置了定罪公正部门，与无辜者计划等联手对可能存在错误的定罪案件进行重新评估，为被定罪的无辜者提供有组织的、逐步制度化常规化的救济。③

① WEIGEND T. & TURNER J I. The Constitutionality of Negotiated Criminal Judgments in Germany [J]. German Law Journal, 2014, 15（1）: 81, 93.

② WEIGEND T. & TURNER J I. The Constitutionality of Negotiated Criminal Judgments in Germany [J]. German Law Journal, 2014, 15（1）: 81-105.

③ 祁建建. 中美检察机关对无辜者案件回应机制的比较研究 [J]. 中国社会科学院研究生院学报, 2020（6）.

二、客观中立与责任制

各国都提供一定程度的检察责任机制，也要求检察客观义务或者检察中立。问题在于如何平衡责任制与检察中立的要求，尤其是在调查现任官员和反对派的案件中。在法国和德国，来自司法部的监督可能会对起诉职能造成政治干预。法国 2013 年通过立法进行改革，使个案的起诉决定不再受司法部的控制，但同时要求检察官向司法部汇报个案。在德国，对高级检察官的调查发现，大多数人在某些个案中感受到了压力，而有几个州的人事政策使检察官容易受到影响，但尚未改革。

美国也不时出现对出于政治动机的起诉和干预检察官在个案中的起诉决定的类似担忧。批评者发现有证据表明，在联邦系统中，检察官行使裁量权时偶尔会受到党派的影响。美国宪法将所有联邦行政权力分配给总统，联邦检察官能否不受总统及其政治任命的控制？[①] 为解决这些问题，美国在立法方面作出了两项重大努力。其一是在司法部设立监察长。其二是设立特别检察官办公室，后更名为独立检察官，该办公室独立于司法部和总检察长，可以在不受政治干预或利益冲突的情况下对政府高级官员进行调查和起诉。[②] 独立检察官立法于 1999 年失效。[③]

---

① BEALE S S. Rethinking the Identity and Role of United States Attorneys [J]. Ohio State Journal of Criminal Law, 2009, 6 (2): 369, 412-413.

②③ BEALE S S. Rethinking the Identity and Role of United States Attorneys [J]. Ohio State Journal of Criminal Law, 2009, 6 (2): 369, 413.

三、平等保护与多元差异

各国检察系统都将对被告人的平等保护和公正对待作为目标。美国联邦和州检察机关进行分散设计，允许和鼓励多样化、认可差异和不同是联邦制的重要特征，各州享有自治权，可以适用不同法律和政策。一方面，在州层面，美国 47 个州检察官采取选举制，选民意愿影响检察政策。各州的民选首席检察官采取不同的起诉政策，不仅反映当地情况，而且反映检察官所代表选民的态度和关切。不能期望各州甚至同一个州内所有辖区的民选检察官确立相同的执法重点和政策。各州在执行三振出局法（Three Strikers Law）、起诉死刑的意愿方面存在天壤之别。另一方面，在联邦层面，提供了分级的国家等级结构。关于联邦检察官裁量权的标准是用非常笼统的术语表述的，现在仅死刑案件和海外腐败案件的起诉需要中央批准。①

法国和德国由于各检察官办公室的政策和重点有所不同，也存在差异和不同。在法国，检察机关的等级制国家结构和颁布的指南以及司法部的其他指导性文件旨在促进统一执法，但仍被发现存在区域差异。② 此外法国国民议会创建了一个新的白领犯罪检察官职位，是为了促进此类案件集中办理，但被批评

---

① JM §9-10.010 et seq.；JM § 9-47.110；以上分别规定了关于所有死刑案件决定起诉前由总检察长进行强制性审查，以及未经司法部刑事司明确授权不得对违反 1977 年《反海外腐败法》反贿赂条款等的案件进行侦查或起诉。

② HODGSON J. Guilty Pleas and the Changing Role of the Prosecutor in French Criminal Justice ［M］. // LUNA E & WADE M L. The Prosecutor in Transnational Perspective. Oxford：Oxford University Press，2012：116，124-126.

该措施是不必要的，甚至可能适得其反。① 在德国，所有的执法权都分配给州，由于检察官事实上行使的裁量权有所增加，导致州和地区层面的检察机关在处理案件时产生了很大的差异。②

---

① Quatre questions sur le procureur financier, ［Four questions about the financial prosecutor］, Le Monde（June 12, 2013）［EB/OL］.［2023-09-20］. http://www. lemonde. fr/societe/article/2013/12/05/quatre-questions-sur-le-procureur-financier_3525335_3224. html.

② SHAWN BOYNE. Is the Journey from the In-Box to the Out-box a Straight Line? The Drive for Efficiency and the Prosecution of Low-Level Criminality in Germany, in Erik Luna & Maryanne L. Wade, eds. The Prosecutor in Transnational Perspective［M］. Oxford: Oxford University Press, 2012: 37, 41.

第五章

我国不起诉权行使机制的完善与展望

研究域外检察裁量权的发展，应牢固立足本国国情和实践。正如 2017 年 1 月 17 日习近平总书记在瑞士达沃斯举行的世界经济论坛 2017 年年会开幕式上的主旨演讲指出，中国立足自身国情和实践，从中华文明中汲取智慧，博采东西方各家之长，坚守但不僵化，借鉴但不照搬，在不断探索中形成了自己的发展道路。条条大路通罗马。谁都不应该把自己的发展道路定为一尊，更不应该把自己的发展道路强加于人。

我国当前已进入认罪认罚立法化后的新时代，认罪认罚占到检察环节办案的 90% 以上，研究刑事诉讼问题不能脱离这一现实。在建设常态化不起诉机制中面临诸多亟待解决的问题，如本书第一、第二章所述。为了回应这些问题，为了确保检察机关合理适用检察起诉裁量权，应当严格贯彻落实习近平总书记关于司法公正和防冤纠错的重要指示精神，应当坚持党的领导，遵守诉讼规律和诉讼原则，坚决贯彻 2021 年 4 月中央全面依法治国委员会提出的"坚持少捕慎诉慎押刑事司法政策，依法推进非羁押强制措施适用"要求，贯彻刑事诉讼法关于无罪推定的相关规定，转变检察理念，保障司法人权，加强人民监督，完善认罪认罚的自愿性保障机制，慎用对人身与财产的强制措施，建立完备的证据规则，不能片面追求定罪，也不能片面追求效率，以维护司法公正，增强检察公信力。

第一节 贯彻无罪推定基本原则

习近平总书记强调指出，必须牢牢把握社会公平正义这一法治价值追求，努力让人民群众在每一项法律制度、每一个执法决定、每一宗司法案件中都感受到公平正义。全面依法治国，必须紧紧围绕保障和促进社会公平正义来进行。

长期以来，鉴于有罪推定造成的教训非常深刻，确立和完善无罪推定原则是我国刑事诉讼法学界学者自改革开放以来坚持不懈的主张。[①] 推动无罪推定产生的早期理念是宁纵毋枉，其早期规则是总是有利于被告人，从而使控方承担举证责任。发展到现代，无罪推定已经成为多项国际公约对刑事司法的基本要求。遵守我国刑事诉讼法中对无罪推定的要求，行使检察裁量权和不起诉权，有助于确保司法公正的底线，避免对无辜者定罪。

我国《刑事诉讼法》第 12 条、第 51 条、第 55 条、第 56 条第 2 款、第 59 条第 1 款、第 200 条等对无罪推定作出了相应规定。未经人民法院依法判决不得确定任何人有罪。审判人员、

---

① 宁汉林. 论无罪推定 [J]. 中国社会科学，1982（4）；樊崇义，刘涛. 无罪推定原则渗透下侦查程序之架构 [J]. 社会科学研究，2003（2）；汪建成. 从逻辑理性到价值理性的转变——论无罪推定原则的现实适应性 [J]. 人民检察，2005（21）；孙长永，闫召华. 无罪推定的法律效果比较研究——一种历时分析 [J]. 现代法学，2010（4）；顾永忠. 刑事诉讼法修正案（草案）中无罪推定原则的名实辨析 [J]. 法学，2011（12）；易延友. 论无罪推定的涵义与刑事诉讼法的完善 [J]. 政法论坛，2012（1）；陈光中，张佳华，肖沛权. 论无罪推定原则及其在中国的适用 [J]. 法学杂志，2013（10）.

检察人员、侦查人员必须依照法定程序，收集能够证实犯罪嫌疑人、被告人有罪或者无罪、犯罪情节轻重的各种证据。严禁刑讯逼供和以威胁、引诱、欺骗以及其他非法方法收集证据，不得强迫任何人证实自己有罪。公诉案件中被告人有罪的举证责任由人民检察院承担。证据确实、充分的，可以认定被告人有罪和处以刑罚。在侦查、审查起诉、审判时发现有应当排除的证据的，应当依法予以排除，不得作为起诉意见、起诉决定和判决的依据。证据不足，不能认定被告人有罪的，应当作出证据不足、指控的犯罪不能成立的无罪判决等。这是防范冤假错案的重要规定。

探索公正行使检察裁量权，首先要遵循和贯彻无罪推定，转变关于有罪推定的错误观念和认识。无罪推定是刑事诉讼的基本原则，既是刑事司法理念，也是法律规则，国家保障每个人未经公正审判不被剥夺宪法赋予的权利。避免对无辜者定罪，避免损害司法公正和司法公信力，也是习近平总书记对司法公正一贯的要求。无罪推定是体系化权利保障与救济规则的基础，要求尊重和保障犯罪嫌疑人、被告人人身权、财产权、辩护权，规范强制性措施和强制措施的适用，实行证据裁判，是起诉裁量权的重要依据，对检察机关决定是否起诉起着第一道关口的作用。

第一，《刑事诉讼法》第 12 条规定，未经人民法院依法判决，对任何人不得确定有罪，对所有刑事案件中的嫌疑人、被告人不得确定有罪，确立了刑事诉讼的思维方式是以无罪推定为起点，成为法治化的刑事诉讼规则。检察机关应监督公安机关等政府部门和政府主办的新闻媒体在法院有罪判决生效之前不得公开称嫌疑人有罪。如果公安机关等就案件发布的消息和新闻，在法院有罪判决生效前称被告人有罪，就违反了无罪推定，因为此时嫌疑人还未被依法证明有罪，也未被法院依法判决有罪。人民检察院也不能在有罪判决宣告前公开称其有罪，还要监督各个办案机关和部门在法院定罪前不能称嫌疑人有罪，不能让嫌疑人公开现身时身着看守所号服、镣铐等羁押装束，避免给人有罪的印象。

第二，《刑事诉讼法》第12条规定，未经人民法院依法判决，对任何人不得确定有罪。为此不应未审先罚，需要严格规范在审判前对个人权利，如个人自由、财产、隐私等的限制或剥夺，进一步贯彻少捕慎诉慎押的刑事政策。

第三，《刑事诉讼法》第51条关于公诉案件由人民检察院承担举证责任及第55条证据确实充分排除合理怀疑的规定，明确要求检察院承担证明被告人有罪到排除合理怀疑的证明责任。检察机关决定是否起诉时，必须考虑能否使用不被排除的证据在法庭上证明被告人有罪到排除合理怀疑。如果证据不足，必须作出不起诉决定。

第四，《刑事诉讼法》第56条第2款规定在侦查、审查起诉、审判时发现有应当排除的证据的，应当依法予以排除，不得作为起诉意见、起诉决定和判决的依据。为此，应进一步建立并完善系统化的证据排除规则、基于职业伦理的律师与委托人关系等特权规则，应排除非法证据、特权信息、不可靠的传闻证据以及无关联的品格证据等。对于认罪认罚后又反悔的，应排除其认罪期间的供述，充分保障其认罪自愿性，避免出于恐惧而非自愿认罪，避免不当转移控方证明责任，确保无罪推定得到贯彻落实。检察官不得隐匿或者毁灭有利于被追诉人的证据。有利于嫌疑人的证

据均应即时告知辩护律师，以便其准备辩护。

第五，检察机关应严守认罪认罚底线，以证据充分为前提进行认罪认罚；证据不足、不能排除合理怀疑的案件不能进行认罪认罚，也不能起诉。检察机关要坚持无罪推定，对证据不足的作出不起诉决定，严防迫使无辜者认罪、以酌定不起诉结案。

检察机关办理认罪认罚不起诉案件，不但要坚持无罪推定，充分保障嫌疑人认罪认罚的自愿性，还要加强对嫌疑人辩护权的保障，完善自愿性保障和非自愿救济机制，推动建立有效辩护保障机制和无效辩护救济机制。

检察机关依法行使检察裁量权，必须严格贯彻落实习近平总书记关于公平正义、防范冤假错案的重要指示精神，切实达成最高人民检察院关于转变检察理念的要求，严格遵守刑事诉讼法的相关规定。

实践中检察机关行使不起诉权时所出现的疑案从有、疑案从轻、疑案从撤、疑案从挂等各种方式，都违反了无罪推定，应对这四类疑案处理方式予以清理，对嫌疑人、被告人予以救济和赔偿。

第二节　慎用对人身与财产的强制手段

习近平总书记强调指出，我们要依法保障全体公民享有广泛的权利，保障公民的人身权、财产权、基本政治权利等各项权利不受侵犯，保证公民的经济、文化、社会等各方面权利得到落实，努力维护最广大人民根本利益，保障人民群众对美好生活的向往和追求。我国目前实践中逮捕率显著下降，但审前剥夺自由的案件数量仍居高不下，可能导致对本应不起诉的案件提起公诉或者错误适用酌定不起诉。为此，应慎用并改革对人身与财产的强制手段。

一、慎用拘留逮捕措施的建议

第一，进一步贯彻中央少捕慎诉慎押政策，减少拘留和逮捕的适用，尽量避免审前羁押，完善羁押必要性审查机制，如进一步探索羁押必要性听证制度。非必要不适用羁押措施，积极运用监控科技扩大适用取保候审。

第二，因为不能以涉嫌罪责重得出人身危险性高的结论，所以对非暴力犯罪不应以涉嫌罪责轻重代替人身危险性评估。建议修改《刑事诉讼法》第 81 条第 3 款关于对可能判处十年有期徒刑以上刑罚的嫌疑人一律逮捕的规定，并修改第 82 条第 1~3 款。

第三，建议要以证据为前提决定拘留逮捕与否，使提请拘留逮捕的机关承担罪责条件、人身危险性等条件证明责任。例如，侦查机关应提供证据证明逮捕的以下条件：①嫌疑人有犯罪事实；②可能判处徒刑以上刑罚；③有社会危险性；④采取取保候审、监视居住尚不足以防止发生社会危险性。

第四，为避免违反无罪推定未审先罚，建议以社会危险性为取保候审的必要条件，而非以认罪认罚为必要条件，以免使嫌疑人被迫认罪。实践中存在嫌疑人被采取拘留、逮捕等羁押措施后，出于对失去自由、工作与亲人隔绝的恐惧，为换取取保候审或相对不起诉被迫认罪的情况。这违背了刑事诉讼法关于不得强迫任何人证实自己有罪的规定，损害了司法公信力。

二、慎用对财产的强制性措施

2021 年 1 月，中共中央《法治中国建设规划（2020—2025年）》提出要求，"加强人权法治保障，非因法定事由、非经法定程序不得限制、剥夺公民、法人和其他组织的财产和权利"。侦查机关对于财产的查封扣押冻结等强制性措施，剥夺了嫌疑人对财产的处分权，属于未审先罚，违反无罪推定，建议贯彻《法治中国建设规划（2020—2025 年）》的要求，建立对查封扣押冻结财产必要性的审查、监督机制，非必要不应对嫌疑人的财产采取强制性措施，并完善财产权利保障和救济机制。

笔者建议，应区分用作证据的财产和为了诉讼财产保全的财产。

其一，建立证物保管和随卷移送机制。对于不必要采取强制性措施的证物，首选的取证方式是运用查封扣押之外的方式、手段固定，对于证明无罪的财物不得采取强制性措施；对于用作证据的财产，建议可用拍照录像、鉴定、勘验笔录等方式固定。

其二，对于用作诉讼保全的财产，侦查机关应向人民法院申请诉前财产保全，诉前财产保全的范围不应超过判决可能的赔偿、罚金、没收金额。建立健全对不当损害个人、企业财产的救济与赔偿机制。涉及企业运营的贵重财产、企业资产的，不能对企业经营造成实质性影响，建议由法院或者法院指定执行机关之外的第三方尽妥善监管义务。

其三，所有应被查扣冻的财产，均应建立必要性审查机制。所有被采取强制性措施的涉案财产，均应由法院在裁判文书中作出处置，并向社会公布裁判文书。

人身自由和财产是个人生活的基础条件，审前对人身自由的长期剥夺和对财产处分的限制剥夺足以摧毁个人正常生活和企业经营生存。只有遵循无罪推定，非必要不适用审前强制手段，并减少对嫌疑人和涉嫌单位在判决前的实质损害，避免不必要的强制及其所引发的不当损害，才可能避免嫌疑人被强迫认罪的风险，消除追究司法责任、业绩考核等顾虑，公正司法。

第三节　加强对辩护权的保障

习近平总书记强调，必须坚持法律面前人人平等。平等是社会主义法律的基本属性，是社会主义法治的基本要求。坚持法律面前人人平等，必须体现在立法、执法、司法、守法各个方面。认罪认罚是以嫌疑人、被告人放弃刑事诉讼中的权利为基础的，这种放弃应当是自愿的，《刑事诉讼法》第 15 条强调了认罪认罚的自愿性。律师辩护是保障嫌疑人、被告人认罪自愿性的基础。我国《宪法》第 130 条规定，被告人有权获得辩护。第 33 条规定，中华人民共和国公民在法律面前一律平等。所以嫌疑人、被告人的辩护权应受平等保护，不因嫌疑人被告人没钱聘请辩护律师而使辩护权受到减损，为嫌疑人、被告人提供的值班律师和嫌疑人、被告人自己聘请的辩护律师享有的权利、提供的服务也应是一致的。刑事诉讼的基本构造是审判中立、控辩对抗，这是刑事诉讼的框架结构，认罪认罚从宽案件中的控辩协商是建立在此基础之上的。辩护制度是在刑事诉讼中防范非自愿认罪、防冤纠错必不可少的重要制度。刑事诉

讼中无数教训表明，认罪案件中未必有犯罪事实发生，认罪的嫌疑人未必是真凶，检察机关给予的从宽待遇即使是不起诉也未必是真正的宽大。加强对辩护权的保障，完善辩护制度势在必行。

其一，建议修改完善值班律师的规定。在刑事诉讼中，嫌疑人缺乏法律知识，应充分保障嫌疑人在所有诉讼阶段的辩护权，不因律师来源于委托、指定或值班而有所不同，保障其享有的辩护权不被减损、内容一致。

其二，建议警方、检方讯问嫌疑人时，嫌疑人有权让律师在场，避免嫌疑人受到胁迫或者基于恐惧和无知违背真实意愿认罪供述。

其三，建议进一步保障辩护律师阅卷权、会见权、调查取证权，确保律师会见不被办案机关、办案人员以各种方式监听、监控，确保律师阅取所有卷宗材料，确保律师不因调查取证被任意追诉律师伪证罪。

其四，建议建立健全律师—当事人特权规则，明确相应的证据排除规则，适用于委托辩护律师和法律援助辩护律师，也适用于值班律师。

其五，建议对于已提交鉴定的案件，在鉴定意见作出并通知嫌疑人、被告人及其辩护律师之前，检察官不得与辩方协商认罪认罚事宜，尤其是在伤害案和毒品案件中。

其六，建立识别有效辩护和无效辩护的识别机制和对无效辩护的救济机制。笔者在《论有效辩护权——作为一种能够兑现的基本权利》一书中有详尽的论述，^① 在此不再赘述。

第四节　完善听证机制与司法民主

2021 年 10 月 13 日至 14 日，习近平总书记在中央人大工作会议上发表重要讲话强调："我国全过程人民民主不仅有完整的制度程序，而且有完整的参与实践。"^② 党的二十大对"发展全过程人民民主，保障人民当家作主"作出全面部署。全国司法机关始终坚持以习近平新时代中国特色社会主义思想为指导，全面贯彻习近平法治思想，切实将全过程人民民主融入司法工作，自觉接受民主监督，不断发展完整检察听证、人民监督、人民陪审等制度。习近平总书记强调指出，"要加快构建系统完备、规范高效的执法司法制约监督体系，加强对立法权、执法权、监察权、司法权的监督""确保执法司法各环节、全过程在有效制约监督下进行"。^③ 为了坚决贯彻习近平总书记的重要指示，进一步完善现行听证机制与司法民主监督制度，笔者试提出如下建议。

一、完善对不起诉案件的听证

其一，根据《人民检察院办案活动接受人民监督员监督的

---

① 祁建建. 论有效辩护权——作为一种能够兑现的基本权利 [M]. 北京：中国政法大学出版社，2018.
② 习近平. 在中央人大工作会议上的讲话 [J]. 求是，2022（5）.
③ 习近平. 坚持走中国特色社会主义法治道路　更好推进中国特色社会主义法治体系建设 [J]. 求是，2022（4）.

规定》第 9 条的规定，"人民检察院……听取人民监督员对案件事实、证据的认定和案件处理的意见"，需要人民监督员全面了解案件事实和证据。这是履职的必要条件。又根据第 25 条的规定，"人民检察院应当为人民监督员提供履行监督职责所必需的工作场所以及其他必要条件"；第 26 条要求为人民监督员实时了解相关司法办案信息提供技术支持。笔者建议，建立人民监督员阅卷制度，并为其阅卷提供便利条件，使其能全面了解案件事实、充分发挥实质性的监督作用。

其二，根据《人民检察院办案活动接受人民监督员监督的规定》第 8 条的规定："人民检察院下列工作可以安排人民监督员依法进行监督：（一）案件公开审查、公开听证；（二）检察官出庭支持公诉；（三）巡回检察；（四）检察建议的研究提出、督促落实等相关工作；（五）法律文书宣告送达；（六）案件质量评查；（七）司法规范化检查；（八）检察工作情况通报；（九）其他相关司法办案工作。"可知人民监督员的监督工作具有高度专业性，需要具备一定的法律专业知识。建议人民检察院在安排人民监督员依法进行监督时，人员组成上至少安排一名有法律专业知识的人民监督员。北京检察机关在人民监督案件中遇有疑难问题的，会主动要求司法局派出有法律背景或者是法学专家的人民监督员，其做法值得推广借鉴。

其三，严格贯彻《人民检察院办案活动接受人民监督员监督的规定》第 3 条的规定，"人民监督员依法、独立、公正履行监督职责"；第 18 条的规定，"人民监督员监督检察办案活动，依法独立发表监督意见，人民检察院应当如实记录在案，列入检察案卷"；第 24 条的规定，"人民检察院应当严格依照本规定接受人民监督员的监督，不得限制、规避人民监督员对办案活动的监督，不得干扰人民监督员依法独立发表监督意见……"。笔者建议建立"人民监督员依法、独立、公正履行监督职责"保障机制。例如，保障人民监督员评议的独立性，在人民监督员评议时，检察院工作人员等所有其他人员应退出评议室，以防干扰人民监督员依法独立公正履行监督职责。

二、健全对起诉案件的听证

习近平总书记强调，"公正是司法的灵魂和生命。公正司法是维护社会公平正义的最后一道防线。如果人民群众通过司法程序不能保证自己的合法权利，那司法就没有公信力，人民群众也不会相信司法"。① 检察机关更加自觉接受人民监督，是检察机关落实全过程人民民主的重要体现。"自觉接受人民监督，既是对检察机关的基本要求，也是检察事业不断前进的重要保证。人民性是检察工作的根本属性，是检察工作必须保有、做优做实的'底色'。"② 为此，笔者建议完善对起诉案件的听证制度。

第一，对于嫌疑人不认罪作无罪辩护的案件拟起诉的，建议举行听证，以免对无辜者、证据不足的案件错误起诉。实践中一些撤诉后不起诉案件，本是不应起诉的证据不足案件或者无罪案件，属于起诉后在审判阶段发现不符合起诉条件而撤诉。如果审查起诉程序设置听证，那么这类案件被及时发现的可能

---

① 中共中央宣传部. 习近平新时代中国特色社会主义思想学习纲要 [M]. 北京：学习出版社，人民出版社，2019：104.

② 更加自觉接受人民监督——学习贯彻习近平总书记在全国两会期间重要讲话和全国两会精神系列评论之六 [N]. 检察日报，2023-3-24.

性就增加，避免起诉到法院后，经过庭审再撤诉、不起诉。

第二，对于法定刑在十年以上的有期徒刑、无期徒刑或者死刑的案件，建议检察机关举行听证。这类案件数量不多，但影响很大，投入更多司法资源是值得的。

第三，对于其他案件，嫌疑人或其辩护人申请听证的，检察机关也可通过听证进行起诉必要性审查。

第五节　不起诉法治体系的完善

从顶层设计上完善不起诉制度，是检察机关"高质效"办好每一个案件的长远之计。笔者认为，针对具体情形，对有的问题可采取修改刑事诉讼法的方案，有的情形可采取由最高人民检察院出台在全国检察机关统一适用的检察政策的方案。

一、完善法定不起诉的适用范围

调整法定不起诉的适用范围已然是时代所需。对于犯罪嫌疑人明显应不起诉的情况应纳入《刑事诉讼法》第 16 条。主要包括：

第一，刑法规定不构成犯罪的正当防卫、紧急避险、意外事件。

第二，刑事诉讼法规定的依法不负刑事责任的精神病等不适用刑事诉讼程序的案件。

第三，对于我国《刑法》第 24 条第 2 款规定"没有造成损害，应当免除刑罚的中止犯"应纳入法定不起诉的适用范围，以法定不起诉的方式争取行为人自动放弃犯罪或自动有效地防止犯罪结果发生的可能性，以帮助行为人顺利回归社会。

第四，我国最高司法机关根据社会经济条件及其发展所规定的立案追诉条件，是对犯罪定义的量化和实际执行，通过在法律适用中总结经验，明确对数十种情形依法不认为是犯罪或者不按犯罪处理，应纳入法定不起诉的情形。例如，①2023年最高人民法院、最高人民检察院《关于办理环境污染刑事案件适用法律若干问题的解释》第6条规定，"实施刑法第338条规定的行为……情节显著轻微危害不大的，不作为犯罪处理"。②根据该解释第7条第2款规定，无危险废物经营许可证从事收集、贮存、利用、处置危险废物经营活动，不具有超标排放污染物、非法倾倒污染物或者其他违法造成环境污染的情形的，可以认定为非法经营情节显著轻微危害不大，不认为是犯罪。③2022年最高人民法院、最高人民检察院《关于办理危害药品安全刑事案件适用法律若干问题的解释》第18条规定，根据民间传统配方私自加工药品或者销售上述药品，数量不大，且未造成他人伤害后果或者延误诊治的，或者不以营利为目的实施带有自救、互助性质的生产、进口、销售药品的行为，不应当认定为犯罪。④2019年最高人民法院、最高人民检察院《关于办理非法利用信息网络、帮助信息网络犯罪活动等刑事案件适用法律若干问题的解释》第15条规定，综合考虑社会危害程度、认罪悔罪态度等情节，认为情节显著轻微危害不大的，不以犯罪论处。⑤2016年最高人民法院《关于审理毒品犯罪案件适用法律若干问题的解释》第7条第3款规定，易制毒化学品生产、经营、购买、运输单位或者个人未办理许可证明或者备案证明，生产、销售、购买、运输易制毒化学品，确实用于合法生产、生活需要的，不以制毒物品犯罪论处。⑥该解释第 12 条第 3 款规定，容留近亲属吸食、注射毒品，情节显著轻微危害不大的，不作为犯罪处理。限于篇幅不一一列举。这些情形均属于法定不起诉的范畴，应纳入《刑事诉讼法》第 16 条调整的范围。

二、进一步扩充酌定不起诉

我国附条件不起诉仅适用于未成年人，是对酌定不起诉的有益补充，可考虑取消对适用主体的限制，将其纳入酌定不起诉的条款。事实上，我国刑事诉讼法及实践中的刑事和解不起诉、认罪认罚不起诉、企业合规不起诉均属于附条件不起诉，将附条件不起诉正式纳入酌定不起诉有助于对轻微犯罪的考察、监督，确保不起诉仍有较长期的后续矫正效果。

三、建立核准不起诉的会商机制

核准不起诉中的国家利益是复杂、模糊、变动的概念，难以界定，视案件的具体情况具体分析，可由最高人民检察院与外交、国家安全、国防等各相关部门协商确定，为此可考虑建立核准不起诉的会商机制。由于我国最高人民检察院有领导全国检察机关、制定全国性起诉政策的权力，在确认国家利益以行使核准不起诉权方面具有天然优势。

四、建立对不当适用起诉裁量权的其他规制与救济机制

起诉裁量权意味着检察院和检察官可以基于证据、犯罪事

实与情节、犯罪后的表现、被告人个人情况、被害人的情况等多重因素决定是否起诉。但以下因素显然不宜作为起诉与否的考虑因素。

（一）禁止歧视性起诉

我国《宪法》第 33 条规定，中华人民共和国公民在法律面前一律平等。《刑事诉讼法》第 6 条也规定，对于一切公民，在适用法律上一律平等，在法律面前，不允许有任何特权。对于公民权益受到侵犯的，法律平等保护救济每个公民；对于公民涉嫌犯罪的，法律也平等追诉每个公民。这些原则同样适用于起诉裁量权的行使。

第一，检察机关行使裁量权应落实宪法法律规定的要求，平等对待嫌疑人、被告人，不得因嫌疑人、被告人的经济条件、社会地位等因素使其受到不利对待。

第二，坚决贯彻习近平总书记的要求，在起诉裁量权行使中不受权力干扰。习近平总书记强调指出，"司法不能受权力干扰，不能受金钱、人情、关系干扰，防范这些干扰要有制度保障"。① 要求"完善确保依法独立公正行使审判权和检察权的制度""建立领导干部干预司法活动、插手具体案件处理的记录、通报和责任追究制度。任何党政机关和领导干部都不得让司法机关做违反法定职责、有碍司法公正的事情，任何司法机关都不得执行党政机关和领导干部违法干预司法活动的要求。"② 为

---

① 习近平. 论坚持全面依法治国 [M]. 北京：中央文献出版社，2020：23.

② 《中共中央关于全面推进依法治国若干重大问题的决定》2014 年 10 月 23 日中国共产党第十八届中央委员会第四次全体会议通过。

了贯彻落实习近平总书记的重要指示批示精神，2015 年中共中央办公厅、国务院办公厅印发《领导干部干预司法活动、插手具体案件处理的记录、通报和责任追究规定》、中央政法委印发《司法机关内部人员过问案件的记录和责任追究规定》、"两高三部"印发《关于进一步规范司法人员与当事人、律师特殊关系人、中介组织接触交往行为的若干规定》。习近平总书记多次对落实执行防止干预司法的制度作出重要指示。2021 年 12 月，习近平总书记在中央政治局第三十五次集体学习时强调，各级党组织和领导干部都要旗帜鲜明支持司法机关依法独立行使职权，绝不容许利用职权干预司法、插手案件。① 检察机关应遵照习近平总书记的重要指示，进一步贯彻执行和落实上述三个规定。

对于检察机关基于以上不允许考虑的因素作出起诉决定的，应对嫌疑人、被告人予以救济和国家赔偿。

（二）禁止报复性起诉

法律明文保护行使权利的行为不受压制和打击报复，例如《宪法》第 41 条第 2 款规定，"对于公民的申诉、控告或者检举，……任何人不得压制和打击报复"。认罪认罚后被告人以非自愿认罪为由提起上诉的，不能对其打击报复。建议建立健全以防冤纠错为目的的听证与审级制度，有利于充分保障嫌疑人、被告人认罪认罚的自愿性和上诉权。

---

① 习近平. 坚持走中国特色社会主义法治道路　更好推进中国特色社会主义法治体系建设 [J]. 求是，2022（4）.

余　论

行使检察裁量权必须深刻领悟牢记习近平总书记的重要指示，坚持以人民为中心。全面依法治国最广泛、最深厚的基础是人民，必须坚持为了人民、依靠人民。推进全面依法治国，根本目的是依法保障人民权益。

2021 年 6 月，党中央印发《中共中央关于加强新时代检察机关法律监督工作的意见》，明确要求检察机关"坚持以人民为中心的发展思想，顺应新时代人民对美好生活的新需求"。新时代检察机关的神圣职责是维护宪法根本法地位，维护宪法法律的统一正确实施。宪法规定的人民根本利益和人身权、财产权、辩护权等重要基本权利在刑事诉讼中有集中的体现。

检察机关行使裁量权要善于以宪法条款及其基本原则为指导，严格遵循无罪推定、罪刑法定、罪刑相适应等刑法、刑事诉讼法基本原则，充分尊重和保障人权，准确适用关于举证责任、证明标准、证据排除、法定不起诉、酌定不起诉、附条件不起诉、认罪认罚从宽等法律规定，考虑案件的是非曲直。检察人员要从思想上摒弃有罪推定、重实体轻程序的陈旧观念，充分保障嫌疑人、被告人的人身权、财产权、隐私权、辩护权、公正审判权等权利，强调检察公正履职与自觉接受人民监督相结合，真正让人民群众在每一个案件中可感受、能感受、感受到公平正义。

检察机关高质效办好每一个审查起诉案件，"要旨是以公正司法维护社会公平正义""关键是做到检察办案质量、效率、效果有机统一于公平正义""目标是做到每一个案件都确保公正"。

"统筹处理好质量、效率、效果与公平正义的关系，是司法工作的一个永恒课题。要确保办案质量，在实体上实现公平正义。办案的高质量，是做到质量、效率、效果有机统一的前提和基础。要坚持客观公正立场，以事实为根据、以法律为准绳，准确查明案件事实，准确收集、审查和运用证据，准确适用法律政策，确保实体正义、结果公正。"①

研究不起诉裁量权的行使，目的是在案多人少的现实下，在确保司法公正的前提下使嫌疑人、被告人顺利回归社会，顺应恢复性司法理念，并提高效率。为此，主张在刑事诉讼中贯彻无罪推定、充分保障辩护权、充分保障审判中立、完善证据排除规则，健全对检察裁量权的监督制约机制。尤其是在认罪认罚案件中，应进一步健全认罪自愿性的保障机制，对于认罪后反悔的，应排除认罪期间的供述，对于明显侵犯嫌疑人、被告人权利的歧视性起诉和报复性起诉设立救济渠道和程序，对嫌疑人、被告人予以救济，并使有责任的相关人员承担责任。

---

① 童建明. 高质效办好每一个案件 持续推进习近平法治思想的检察实践[J]. 人民检察，2023（23）.

参考文献

［1］ ABA Criminal Justice Standards：Pleas of Guilty.

［2］ ABA Criminal Justice Standards：Prosecution Function.

［3］ Argersinger v. Hamlin 407 U. S. 25（1972）.

［4］ BIRKETT D J. Managing Frozen Assets at the International Criminal Court：The Fallout of the Bemba Acquittal ［J］. Journal of International Criminal Justice，2020，18（3）：765–790.

［5］ Brady v. United States，397 U. S. 742（1970）.

［6］ Byrd v. Lewis，566 F. 3d 855（9th Cir. 2009）.

［7］ Cage v. Louisiana，498 U. S. 39（1990）.

［8］ Cass. crim. 15 December 2010，Bull. Crim. no. 207.

［9］ Commonwealth v. Webster，59 Mass.（5 Cush.），320（1850）.

［10］ Commonwealth v. Wheeler，2 Mass. 172（1806）.

［11］ Cosco v. Wyoming，521 p. 2d 1345（1974）.

［12］ Crown Prosecution Service Annual Report and Accounts 2020–2021 ［R/OL］. ［2023–06–10］. https：//www. cps. gov. uk/sites/default/files/documents/publications/CPS–Annual–Report–and–Accounts–2020–21. pdf.

［13］ DECARLO A. No Drop Prosecution & Domestic Violence：Screening for Cooperation in the City that Never Speaks ［J］. Journal of Law and Policy，2016，25（1）：357–398.

［14］ Decision 93–326 DC，11 August 1993.

［15］ Decision 2004–492 DC，2 March 2004.

［16］ Decision 2010-14/22 QPC, 30 July 2010.

［17］ Directive (EU) 2016/343 of the European Parliament and of the Council of 9 March 2016 on the strengthening of certain aspects of the presumption of innocence and of the right to be present at the trial in criminal proceedings.

［18］ CPS, Director's Guidance on Charging, 6th editon, December 2020.

［19］ DYKE V V. International Politics ［M］. New York: Appleton - Century Crofts, 1957.

［20］ Dunbar v. United States, 156 U.S. 185 (1895).

［21］ Estelle v. McGuire, 502 U.S. 62 (1991).

［22］ Federal Rules of Criminal Procedure.

［23］ Findley v. United States, 362 F. 2d 921 (10th Cir. 1966).

［24］ FRANKEL J. National Interest ［M］. London: Palgrave Macmillan London, 1970.

［25］ FRANKEL J. International Relations in a Changing World ［M］. 2nd ed. Oxford: Oxford University Press, 1979.

［26］ Friedman v. United States, 381 F. 2d 155 (8th Cir. 1967).

［27］ Germany, Federal Court of Justice (Bundesgerichtshof), Karlsruhe/2 StR 198/06, 30 August 2006.

［28］ Germany's Party Finance Scandal "Ends" With Kohl's Plea Bargain and Too Many Unanswered Questions ［J］. German Law Journal, 2001 (2): 9-10.

［29］ Gibson v. Ortiz, 387 F. 3d 812 (9th Cir. 2004).

［30］ Gideon v. Wainwright, 372 U.S. 335 (1963).

［31］ GUNLICKS A B. The LÄ Ander and German Federalism ［M］. Manchester: Manchester University Press, 2003.

［32］ HANS V P. , GERMAIN C M. The French Jury at a Crossroads ［J］. Chicago-Kent Law Review, 2011, 86 (2): 737-768.

［33］ Hassan v. Magistrates Court, 20 Misc. 2d 509, 191 N. Y. S. 2d 238 (1959).

［34］ HC Deb 29 January 1951, vol 483, col 681.

［35］ Holland v. United States, 209 F. 2d 516 (10th Cir. 1954).

［36］ Holland v. United States, 348 U. S. 121 (1954).

［37］ Home Office. Crime outcomes in England and Wales 2020 to 2021 ［R/OL］. (2021-07-22) ［2023-03-20］. https: //www. ons. gov. uk/peoplepopulationandcommunity/crimeandjustice/bulletins/cri meinenglandandwales/yearendingdecember2021 #: ~: text = The% 20police% 20recorded% 206% 20million, the% 20year% 20ending% 20December% 202020.

［38］ Hopt v. Utah, 120 U. S. 430 (1887).

［39］ IRWIN M. The Secret Barrister: Stories of the Law and How It's Broken ［J］. Probation Journal, 2018, 65 (4): 455-456.

［40］ Kercheval v. United States, 274 U. S. 220 (1927).

［41］ Lafler v. Cooper, 566 U. S. 156 (2012).

［42］ LANGER V. Public Interest in Civil Law, Socialist Law, and Common Law Systems: The Role of the Public Prosecutor, The American Journal of Comparative Law, 1988, 36 (2): 279-305.

［43］ LAUDAN L. Is Reasonable Doubt Reasonable? ［J］. Legal Theory, 2003, 9 (4): 295-331.

［44］ Leland v. Oregon, 343 U. S. 790 (1952) (dissenting opinion).

［45］ LERCHE C O. Jr, SAID A A. Concepts of International Politics ［M］. 2nd ed. New Delhi: Prentice-Hall, 1972.

[46] LIPPKE R L. Taming the Presumption of Innocence [M]. Oxford: Oxford University Press, 2016.

[47] MADDISON D, ORMEROD D, TONKING S, WAIT J, Edited by PICTON M, ORMEROD D, TAYTON L, SHETTY R, COOPER J, AUBREY D, DICKSON G, SMITH A, The Crown Court Compendium [R]. Judicial College, 2018.

[48] MCKINNON, D. The Philosophy of Evidence [M]. London: S. Brooke for W. Reed, 1812: 20, 24, 25, 27, 64.

[49] MCMAHON W C. II. Declining Professionalism in Court: A Comparative Look at the English Barrister [J]. Georgetown Journal of Legal Ethics, 2006, 19 (3): 845-858.

[50] Medvedyev v France (2010) 51 EHRR 394.

[51] Medvedyev v France App no. 3394/03 (ECtHR, 10 July 2008).

[52] Miles v. United States, 103 U. S. 304 (1880).

[53] Miranda v. Arizona, 384 U. S. 436 (1966).

[54] Missouri v. Frye, 566 U. S. 134 (2012).

[55] Model Criminal Jury Instructions, Committee on Model Criminal Jury Instructions Third Circuit, 2022.

[56] Monk v. Zelez, 901 F. 2d 885 (10th Cir. 1990).

[57] Moulin v France App no 37104/06 (ECtHR, 20 November 2010).

[58] NESTLER C. Sentencing in Germany [J]. Buffalo Criminal Law Review, 2003, 7 (1): 109-138.

[59] Pannell v. Oklahoma, 640 p. 2d 568 (1982).

[60] Pattern Criminal Jury Instructions, Prepared by Sixth Circuit Committee on Pattern Criminal Jury Instructions.

[61] Pattern Criminal Jury Instructions for the First Circuit.

［62］ People v. Downs, 2014 IL App（2d）121156.

［63］ People v. Thomas, 2014 IL App（2d）121203.

［64］ Ministry of Justice. Prosecutions and Convictions ［R/OL］. （2020-09-15）［2023-03-20］. https://www.ethnicity-facts-fig-ures.service.gov.uk/crime-justice-and-the-law/courts-senten-cing-and-tribunals/prosecutions-and-convictions/latest/.

［65］ R v Commissioner of Police of the Metropolis, ex p Blackburn（No. 1）［1968］2 QB 118（CA）.

［66］ R v Majid,［2009］EWCA Crim 2563.

［67］ REINER R. The Politics of the Police ［M］. 4th ed. Oxford: Oxford University Press, 2010.

［68］ ROBINSON T W. National Interest ［M］// ROSENAU J N. ed. International Politics and Foreign Policy, New York: Free Press of Glencoe, 1961.

［69］ Sandoval v. California, 511 U.S.1101（1994）.

［70］ SHAPIRO B J. "Beyond Reasonable Doubt" and "Probable Cause": Historical Perspectives on the Anglo-American Evidence Law ［M］. Berkeley: University of California Press, 1991: 30.

［71］ SOUBISE L. Prosecutorial Discretion and Accountability: a com-parative study of France and England and Wales ［D］. Coventry: University of Warwick, 2015.

［72］ State v. McHenry, 88 Wn.2d 211, 558 P.2d 188（1977）.

［73］ Strickland v. Washington, 466 U.S.668（1984）.

［74］ Sullivan v. Louisiana, 508 U.S.275（1993）.

［75］ Talor v. Kentucky, 436 U.S.478（1978）.

［76］ Tarvestad v. United States, 418 F.2d 1043（8th Cir.1970）.

［77］ The Code for Crown Prosecutors.

［78］ CPS, Director's Guidance on Charging, 5th edition, May 2013.

［79］ THAYER J B. Presumption of Innocence in Criminal Cases ［J］. Yale Law Journal, 1896, 6 (4): 185–212.

［80］ THOMAS C. Are Juries Fair? (Ministry of Justice Research Series 1/10) ［EB/OL］. (2010–02–01) ［2023–03–22］. https://www.justice.gov.uk/downloads/publications/research–and–analysis/moj–research/are–juries–fair–research.pdf.

［81］ Tillman v. Cook, 215 F. 3d 1116 (10th Cir. 2000).

［82］ U. S. C.

［83］ United States v. Barrera Gonzales, 952 F. 2d 1269 (10th Cir. 1992).

［84］ United States v. Caceres, 440 U. S. 741 (1979).

［85］ United States v. Campbell, 874 F. 2d 838 (1st Cir. 1989).

［86］ United States v. Cassiere, 4 F. 3d 1006 (1st Cir. 1993).

［87］ United States v. Cummings, 468 F. 2d 274 (9th Cir.).

［88］ United States v. Downen, 496 F. 2d 314 (10th Cir. 1974).

［89］ United States v. Fields, 660 F. 3d 95 (1st Cir. 2011).

［90］ United States v. Flemmi, 225 F. 3d 78 (1st Cir. 2000).

［91］ United States v. Lewis, 593 F. 3d 765 (8th Cir. 2010).

［92］ United States v. Lopez, 500 F. 3d 840 (9th Cir. 2007).

［93］ United States v. Pepe, 501 F. 2d 1142 (10th Cir. 1974).

［94］ United States v. Smaldone, 485 F. 2d 1333 (10th Cir. 1973).

［95］ United States v. Taylor, 997 F. 2d 1551 (D. C. Cir. 1993).

［96］ United States v. Vavlitis, 9 F. 3d 206 (1st Cir. 1993).

［97］ Victor v. Nebraska, 511 U. S. 1 (1994).

［98］ WALMSLEY R. World Pre–trial/Remand Imprisonment List ［R］.

4th ed. Institute for Crime & Justice Policy research, Birkbeck, University of London.

［99］Washington Pattern Jury Instructions—Criminal（4th Ed）（2016）.

［100］WIGMORE J. The Principles of Judicial Proof as Given by Legal, Psychological and General Experience［M］. 2nd ed. Boston：Little, Brown, and Company, 1931.

［101］Williams v. Abshire, 544 F. Supp. 315, 319（E. D. Mich. 1982）, affirmed, 709 F. 2d 1512（6th Cir. 1983）.

［102］2020 年—2023 年最高人民检察院工作报告［R/OL］.［2023-05-20］. https：//www. spp. gov. cn/gzbg/.

［103］"检察过程中律师权利保障问题研究"课题组，张兆凯，陈忠，冷必元，刘记福. 律师伪证罪应当存而慎用［J］. 法学杂志，2009（3）：108-111.

［104］2022 年 1 至 6 月全国检察机关主要办案数据［N］. 检察日报，2022-07-22（2）.

［105］北京市朝阳区人民检察院课题组. 刑事速裁程序的实践解读与理性思考［J］. 中国检察官，2018（23）：38-41.

［106］卞建林. 慎诉的理论展开与制度完善［J］. 法学，2022（10）：126-143.

［107］博伊恩. 德国检察机关职能研究——一个法律守护人的角色定位［M］. 但伟，译. 北京：中国检察出版社，2021.

［108］陈光中，张佳华，肖沛权. 论无罪推定原则及其在中国的适用［J］. 法学杂志，2013（10）：1-8.

［109］陈瑞华. 异哉，所谓"捕诉合一"者［EB/OL］. 中国法律评论微信公众号，2018-09-10.

［110］陈卫东. 检察机关适用不起诉权的问题与对策研究［J］. 中

国刑事法杂志，2019（4）：35-45.

[111] 陈卫东. 论检察机关的犯罪指控体系——以侦查指引制度为视角的分析 [J]. 政治与法律，2020（1）：2-14.

[112] 陈卫东，胡晴晴，崔永存. 新时代人民监督员制度的发展与完善 [J]. 法学，2019（3）：3-16.

[113] 陈兴良. 诉讼结构的重塑与司法体制的改革 [J]. 人民检察，1999（1）：48-50.

[114] 陈学权. 证据不足时法院作无罪判决难所涉问题研究 [J]. 法律适用，2015（6）：18-21.

[115] 陈永生. 我国刑事误判问题透视——以 20 起震惊全国的刑事冤案为样本的分析 [J]. 中国法学，2007（3）：45-61.

[116] 程建. 刑事诉讼涉案财物集中管理的实证调研和制度构想 [J]. 上海政法学院学报（法治论丛），2013（2）：40-44.

[117] 邓根保. 依法规范行使不起诉权的探索实践 [J]. 中国检察官，2019（6）：65-69.

[118] 杜小丽. 论"律师伪证罪"罪质独立性的消解——以刑事诉讼法的相应修改为进路 [J]. 法学，2013（4）：112-119.

[119] 敦宁. 刑事制裁体系变革论 [M]. 北京：法律出版社，2018.

[120] 樊崇义，刘涛. 无罪推定原则渗透下侦查程序之架构 [J]. 社会科学研究，2003（2）：81-85.

[121] 范依畴. 冤案追责虚化势必纵容错案复发——今日呼格案与昔日杨乃武案比较与反省 [J]. 法学，2016（9）：3-15.

[122] 方柏兴. 刑事涉案财物的先行处置 [J]. 国家检察官学院学报，2018（3）：127-140+174.

[123] 房保国. 被害人的刑事程序保护 [M]. 北京：法律出版社，2007.

［124］高通. 论无罪判决及其消解程序——基于无罪判决率低的实证分析［J］. 法制与社会发展，2013（4）：65-80.

［125］高通. 美国禁止报复性起诉规则研究［J］. 国家检察官学院学报，2011（1）：131-139.

［126］葛琳. 刑事涉案财物管理制度改革［J］. 国家检察官学院学报，2016（6）：122-131+172.

［127］顾永忠.《刑事诉讼法修正案（草案）》中无罪推定原则的名实辨析［J］. 法学，2011：（12）35-39.

［128］郭烁. 检警关系视野下的不起诉制度［J］. 苏州大学学报（哲学社会科学版），2019（5）：41-49.

［129］郭烁. 酌定不起诉制度的再考查［J］. 中国法学，2018（3）：228-248.

［130］胡云腾. 宣告无罪实务指南与案例精析［M］. 北京：法律出版社，2014.

［131］姜佩杉. 纠正冤错：让百姓重拾法治信心［N］. 人民法院报，2018-12-04（5）.

［132］拉德布鲁赫. 法学导论［M］. 米健，朱林，译. 北京：中国大百科全书出版社，1997.

［133］李岚. 论不起诉［D］. 北京：中国政法大学，2007.

［134］林钰雄. 刑事诉讼法（上册）［M］. 第10版. 台北：新学林出版股份有限公司，2020.

［135］刘懿德. 内蒙古公布呼格吉勒图案追责结果［N］. 新华社呼和浩特，2016-01-31.

［136］马若飞. 论我国撤回起诉制度的异化与矫正［J］. 河南财经政法大学学报，2022（5）：144-157.

［137］苗生明，纪丙学. 贯彻宽严相济 依法充分准确适用少捕慎诉

慎押刑事司法政策——"检察机关首批贯彻少捕慎诉慎押刑事司法政策典型案例"解读［J］. 人民检察，2021（15）：3-7.

［138］毛立新. 律师伪证罪的追诉程序探析［J］. 河北法学，2011（10）：35-40.

［139］莫洪宪，高锋志. 宽严相济刑事政策运用实践考察——以检察机关相对不起诉为切入点［J］. 人民检察，2007（4）：13-16.

［140］宁汉林. 论无罪推定［J］. 中国社会科学，1982（4）：65-84.

［141］潘祥均，罗倩. 论不起诉决定权的规制［J］. 中国检察官，2022（6）：35-39.

［142］祁建建. 论有效辩护权——作为一种能够兑现的基本权利［M］. 北京：中国政法大学出版社，2018.

［143］祁建建. 美国涉认罪案件无辜者之识别与救济［J］. 法律适用，2019（24）：115-124.

［144］祁建建. 认罪认罚冤假错案预防机制研究［M］. 北京：中国政法大学出版社，2021.

［145］祁建建. 中美检察机关对无辜者案件回应机制的比较研究［J］. 中国社会科学院研究生院学报，2020（6）：66-77.

［146］宋远升. 检察官论［M］. 北京：法律出版社，2014.

［147］孙长永. 少捕慎诉慎押刑事司法政策与人身强制措施制度的完善［J］. 中国刑事法杂志，2022（2）：108-131.

［148］孙长永，闫召华. 无罪推定的法律效果比较研究——一种历时分析［J］. 现代法学，2010，32（4）：130-137.

［149］孙长永，王彪. 刑事诉讼中的"审辩交易"现象研究［J］. 现代法学，2013，35（1）：125-138.

［150］孙远. 起诉裁量权的概念、范围与程序空间［J］. 求是学刊，2022，49（1）：94-103.

［151］田口守一. 刑事诉讼的目［M］. 张凌，于秀峰，译. 北京：中国政法大学出版社，2011.

［152］童建明. 敢用善用不起诉权 提升不起诉权司法适用水平［J］. 人民检察，2019（10）：41-42.

［153］童建明. 论不起诉权的合理适用［J］. 中国刑事法杂志，2019（4）：23-34.

［154］汪建成. 从逻辑理性到价值理性的转变——论无罪推定原则的现实适应性［J］. 人民检察，2005（21）：11-14.

［155］王敏远. 刑事诉讼法学［M］. 第2版. 北京：知识产权出版社，2023.

［156］王圣扬，李生斌. 中外公诉裁量制度探析［J］. 安徽大学学报，2001（2）：25-30.

［157］王永杰. 律师伪证罪的存废之争［J］. 复旦学报（社会科学版），2011（4）：111-118+134.

［158］王永杰. 论律师伪证罪的立案启动与规制完善［J］. 社会科学，2011（7）：96-104.

［159］王永杰. 论律师伪证罪的构成要件［J］. 上海政法学院学报（法治论丛），2011，26（2）：38-43.

［160］温小洁. 我国刑事涉案财物处理之完善——以公民财产权保障为视角［J］. 法律适用，2017（13）：31-37.

［161］沃克. 牛津法律大辞典［M］. 邓正来，等，译. 北京：北京光明日报出版社，1989.

［162］吴丹红. 刑罚的"实报实销"［J］. 人民检察，2009（13）：37-38.

［163］吴外信，向婷. 正确适用不起诉听证制度［J］. 人民检察，2018（1）：79.

［164］谢鹏程. 加强不起诉权合理适用的理论研究和制度设计［J］. 中国检察官，2019（10）：43.

［165］谢文婷. 退回补充侦查不是存疑不起诉的必经程序［N］. 检察日报，2021-07-12（3）.

［166］谢小剑. 公诉权制约制度研究［D］. 成都：四川大学，2007.

［167］邢世伟. 最高检：醉驾案证据充分一律起诉　不存在选择性［N］. 新京报，2011-05-24（A07）.

［168］杨帆. 不起诉种类的边界厘定及体系重塑研究［J］. 东方法学，2022（6）：136-148.

［169］杨娟，刘澍. 论我国刑事不起诉"三分法"的失败及重构［J］. 政治与法律，2012（1）：37-44.

［170］姚莉. 认罪认罚程序中值班律师的角色与功能［J］. 法商研究，2017，34（6）：42-49.

［171］姚伊霖. 轻罪治理背景下诉讼制度转型研究［J］. 上海法学研究，2021，50（2）：49-56.

［172］叶燕杰. 公诉案件无罪判决：趋势与阐释——基于1440份无罪判决的分析［J］. 人大法律评论，2020（2）：254-286.

［173］易延友. 论无罪推定的涵义与刑事诉讼法的完善［J］. 政法论坛，2012，30（1）：10-23.

［174］易延友. 中国刑诉与中国社会［M］. 北京：北京大学出版社，2010.

［175］张建伟. 不起诉权适用中的几个问题［J］. 人民检察，2019（10）44.

［176］张军. 降低审前羁押率 扩大非羁押手段适用势在必行［N］.

新京报，2020-01-18（A11）.

[177] 张小玲. 试论我国刑事诉讼中被害人自诉救济制度［J］. 中央政法管理干部学院学报，2000（1）：9-13.

[178] 张吟丰，黄驰宇，曾欢. "云监管"取代人盯人，方便高效［N］. 检察日报，2022-07-26（2）.

[179] 周斌. 政法各部门全面落实两个证据规定取得显著成效［N］. 法制日报，2011-02-14（3）.

[180] 周长军. 认罪认罚从宽制度推行中的选择性不起诉［J］. 政法论丛，2019（5）：80-91.

[181] 周清树. 茂名腐败窝案时隔两年重启调查［N］. 新京报，2014-04-21（A18-A19）.

[182] 中共中央宣传部. 习近平新时代中国特色社会主义思想学习纲要［M］. 北京：学习出版社，人民出版社，2019.

[183] 最高人民检察院关于人民检察院适用认罪认罚从宽制度情况的报告［N］. 检察日报，2020-10-17（1）.